개정판

가드너 다중지능이론에 근거한

노인인지향상

통합프로그램 이론과 실제

개정판

가드너 다중지능이론에 근거한

노인인지향상 통합프로그램 이론과 실제

조은유 · 김영미 공저

dm 동문사

머 리 말

노인 인지향상 프로그램을 만든 이유

현재 우리나라는 초고령사회를 향해 가고 있으며 세계에서 빠른 고령화 사회로 진입하고 있다. 노인 인구의 증가로 인해 여러 가지 문제들이 발생하게 되지만, 그 중에서도 노인의 삶과 가족들의 삶을 위협하는 치매의 유병률이 노인인구의 10.3%에 달하였고, 60세 이상의 인구 중에서 치매가 사망 원인의 5위로 나타났다. 세계보건기구(WHO)에 따르면 2050년에는 지금보다 치매인구가 3배나 증가할 것으로 추정했다. 현대 의학적으로 치매를 치료하는 방법이 아직은 없기 때문에 치매를 예방하거나 증상이 악화되지 않도록 관리 및 유지를 할 수 있는 방법이 최선이다. 이러한 맥락에서 치매의 발병을 낮추고 진행되는 치매의 증상을 관리하여 남아 있는 뇌의 기능을 유지할 수 있기를 바라는 마음에서 이 책을 보급하고자 한다.

치매는 기억력, 언어능력, 공간 감각, 추상적 사고능력, 문제 해결능력 등의 인지적 능력이 감소되는 것이다. 이를 예방하기 위해 뇌의 인지적 반응을 이끌어내는 총체적인 능력인 지능을 높여 인지 능력을 향상시켜야 한다. 이를 위하여 교수-학습법을 다음과 같이 제공하고자 한다. 노년기 인지기능에 유연성(plasticity)이 있어 다각적 방향으로 변화를 준다면 인지기능이 손상된 노인의 인지도 개선되는 것이 가능한가에 대한 연구가 최근 활발하게 이루어지고 있다. 퇴화하고 있는 뇌의 기능을 예방하고 현재의 기능을 유지할 수 있다면 노년의 삶에 보다 희망을 가져다 줄 것이다.

노인 인지향상 프로그램을 만든 배경

사회복지법인에서 8년간 노인대학을 운영하면서 인지향상을 위한 여러 가지 프로그램을 실시하면서 인지향상을 위해서는 다양한 자극을 주어야 한다는 것을 알게 되었다. 그래서 이론적인 근거를 배경으로 체계화된 프로그램이 필요하다는 것을 깨닫고 가드너의 지능이론을 접목시켜 인지향상 프로그램을 만들게 되었다. 지능은 높다 낮다가 아니라 자신만의 특별한 지능영역을 소유하고 있으며, 그것이 삶 속에서 활성화될 때 본래의 자신을 보다 발전적으로 나아가게 해 줄 것이라고 바라보고 있다. 노인의 뇌 기능이 퇴화하고 있지만 남아 있는 기능을 유지 발전시킬 수 있는 프로그램을 개발하면서 가드너의 지능이론에 근거하여 각 영역별로 나누어 프로그램을 제시하는 동시에 프로그램을 응용하여 사용할 수 있는 방법을 제시하였고 심리적인 부분까지 폭넓게 다루었다.

이 책의 활용방법

이 책은 각 영역별로 5개의 프로그램이 있다. 프로그램을 활용하는 데 도움을 주는 지도사의 역할이 구분되어 있으며, 프로그램마다 아이디어를 보태어 활용할 수 있는 응용방법이 제시되어 있다. 총 55개의 프로그램이 있지만 응용할 수 있는 여러 가지 방법들이 함께 있으므로 더 많은 프로그램을 실천할 수 있도록 구성하였다. 또한 노인에게 국한되어 있지 않고 아동과 청소년 및 성인에게 활용가능하다.

2025년 2월

저자 일동

Contents

제 4 장 논리-수학지능 프로그램

제 5 장 공간지능 프로그램 Ⅰ

제 6 장 공간지능 프로그램 Ⅱ

제 7 장 음악지능 프로그램 Ⅰ

제11장 ▶ 대인관계지능 프로그램

제12장 ▶ 개인내적지능 프로그램

제13장 ▶ 자연탐구지능 프로그램

제 1 장

지능과 인지

1. 지능의 정의
2. 인지의 정의
3. 노인과 인지기능

1. 지능의 정의

지능(Intelligence)의 사전적 의미는 문제해결과 인지적 반응을 나타내는 개체의 총체적 능력으로 정의하고 있다. 여러 학자들의 지능에 대한 정의를 살펴보면 비네(Bine)는 잘 판단하고 이해하고 추리하는 일반적인 학습능력을 지능으로 보았으며 웩슬러(Wechsler)는 합목적적으로 행동하고 사고하며 능률적으로 환경을 처리하는 개인의 총체적이고 전체적인 능력이라고 하였다. 지능을 구성하고 있는 요인이 무엇이냐에 따라 스피어먼(Spearman)은 지능을 여러 가지 다양한 지적 과제를 해결하는 데 고르게 관여하는 일반요인과 특정 과제를 해결하는 데에만 주로 활용되는 특수요인으로 구성되어 있다고 정의하였다. 서스톤(Thurstone)은 일곱 가지 기초정신능력으로 언어이해력, 추리력, 수리력, 공간지각력, 언어유창성, 지각속도, 기억력으로 구성되어 있다고 정의하였다.

카텔(Cattell)은 지능을 유동적 지능(fluid intelligence)과 결정적 지능(crystallized intelligence)으로 나누어 설명했다. 유동적 지능은 선천적으로 타고나는 지능으로 산수와 계산능력, 학습처럼 사실적인 지식과 아울러 사회적 지식과 관련 있으며 15세경에 정점에 달하였다가 점차 퇴화한다고 하였으며, 결정적 지능은 유동적 지능에 비해 안정적이고 환경과 문화적 요인에 의해 발달되면서 문제해결 능력이나 대처방식이 40세 이후에도 점차 증가할 수 있다고 하였다. 스턴버그(Sternberg)는 기존의 지능이론은 지능의 근원을 오로지 개인, 행동, 상황 중 일부로부터 구하려 했기 때문에 불완전한 이론이라고 가정하고, 성부(요소), 경험, 맥락(상황)의 세 하위 이론으로 구성된 종합적 지능이론을 주장하였다. 즉, 지능은 유전적 요인이나 환경적 요인을 가지고 있는데 개인이 어떤 상황에 처했을 때 그 의미를 이해하고 처리하는 방법을 알아내는 지적 활동의 통합적 능력이라고 볼 수 있다.

2. 인지의 정의

인지(Cognition)의 사전적 의미는 어떤 대상이나 상황을 인정하여 아는 것을 말한다. 인지는 외부자극을 받아들이고 저장하고 인출하는 정신과정이라 할 수 있는데 예를 들면, 정원의 나무에 주의를 기울이고 그 나무의 이름을 알고 기억하며 나무에 대하여 다른 사람에게 설명할 수 있으며, 나무의 관리가 필요하면 문제해결을 위한 행동을 하는 과정이 인지라고 할 수 있다. 즉, 인지는 어떤 대상에 주의를 기울이고 그 내용을 저장하고 새로운 사실을 익히며 언어를 사용하며 문제를 해결하는 지적과정이다.

인지는 지각, 기억, 사고의 세 가지 영역으로 구분하고 있지만 이들 간의 명확한 경계가 있는 것은 아니다. 단지 인지의 여러 가지 측면을 영역으로 구분한 것이다. 인지는 바깥으로부터 새로운 지식을 습득하고 자신의 지식과 기술을 활용하여 외부세계에 적응할 수 있는 힘이라 할 수 있다. 그러므로 인지능력은 학습하고 훈련하는 데 국한되어 있지 않고 이를 일상생활이나 직무를 수행하는 데 사용하는 능력이라 할 수 있다. 인지가 손상된 사람들을 살펴보면, 한 가지 일에 집중할 수 없고 주변 사람들을 알아볼 수 없으며 단어나 혹은 언어능력을 제대로 구사하지 못하며 상황에 대한 판단력을 상실하게 된다. 이처럼 인지는 모든 정신적인 활동을 포함하기 때문에, 집중하고 기억하고 지각하며 언어를 사용하여 문제를 해결하는 능력이라고 할 수 있다. 인지기능은 지식과 정보를 효율적으로 받아들여서 저장하고 조작하여 상황에 부딪혔을 때 문제해결을 위한 행동이나 생각을 유발하는 모든 과정을 말한다. 우리 뇌가 할 수 있는 거의 모든 기능을 포함하고 인간의 사고기능을 유지하게 하는 전 과정이 인지기능이다.

지능과 인지에 대해서 살펴보면 지능(知能)의 한자로 표기하면 '알다'의 뜻과 '~을(를) 하다'의 뜻이 있다. 즉, 상황에 대하여 알고 판단하여 문제를 해결할 수 있도록 행동할 수 있는 능력이라고 할 수 있다. 인지는 정보를 받아들이고, 저장하고, 상황에 맞게 기억을 인출하여 사용하는 과정이다. 여기서 인지와 지능을 연관 지어 보면 지능은 인지능력에 의해 작용하며, 지능의 발달은 인지능력의 발달과 밀접한 관계가 있다. 즉, 지능은 알아서 행동할 수 있는 능력이며 인지는 아는 것을 저장하며 상황에 맞는 적절한 기억을 인출하여 사용하는 과정을 말하는 것이다. 지능과 인지는 밀접하게 연관

되어 있으며, 인지능력이 발달할수록 지능이 효과적으로 작용할 수 있다.

노년기에 인지능력을 높이는 것은 지능과 밀접한 연관이 있다. 지능은 정보를 이해하고 문제를 해결하는 능력이며, 이러한 과정이 원활하게 이루어지기 위해서는 인지능력이 뒷받침되어야 한다. 즉, 인지능력은 지능이 작용하는 기초적인 과정으로, 정보를 저장하고 필요할 때 적절히 인출하여 활용하는 역할을 한다. 노년기에 꾸준히 인지능력을 훈련하면 이러한 기능 저하를 예방하거나 늦출 수 있으며, 지능을 보다 효과적으로 발휘할 수 있다. 예를 들어, 기억력 훈련을 통해 정보 저장과 인출 능력을 향상시키면 일상생활에서의 문제 해결이 수월해지고, 독서나 글쓰기 활동을 통해 언어능력을 유지하면 논리적 사고를 지속적으로 발달시킬 수 있다. 또한, 체스나 바둑과 같은 전략 게임을 통해 추론력을 훈련하면 복잡한 상황에서도 문제를 해결하는 능력을 유지할 수 있다.

결과적으로, 인지능력을 높이는 것은 단순히 기억력을 개선하는 것을 넘어, 종합적인 지능 발휘에 중요한 역할을 한다. 인지 기능이 원활해야 지능을 활용한 사고와 판단이 가능하며, 이는 노년기에도 독립적인 생활을 유지하고 삶의 질을 높이는 데 기여할 수 있다. 따라서 노년기에 적극적으로 인지훈련을 실시하는 것은 단순한 예방 차원을 넘어, 건강한 노화를 위한 필수적인 과정이라고 할 수 있다.

3. 노인과 인지기능

인간은 누구나 나이가 들어감에 따라 늙기 마련이며 이로 인해 신체의 각 부분은 노쇠현상을 일으켜 자신의 의지와는 무관하게 몸의 기능이 퇴화하여 신체적인 변화를 겪게 되며 심리적·성격적 특성 그리고 사회적인 변화도 경험하게 된다. 미국의 심리학자 스키너(Skinner)는 노년에 대해 알고 싶다면 안경에 먼지를 잔뜩 씌우고, 귀를 솜으로 막고, 커다랗고 무거운 신발을 신고 장갑을 낀 다음 정상적으로 하루를 보내 보라고 했다. 이는 나이가 들면서 신체적인 노화가 일어나서 생리적으로 불안전한 상태에 있음을 의미한다. 이렇듯 노인은 생물학적 연령이 높아지면서 신체적인 기능과 감각이 둔화되는 경험을 하게 된다. 이것은 60세 이상 노인의 경우에는 반응하는 평균시간이 급격하게 길어지고 자극에 대하여 반응하는 움직임이 둔하여 외부자극에 대한 소요시간이 지연된다는 것을 설명해 주고 있다.

노쇠현상은 신체적 변화뿐 아니라 뇌의 기능이 현저하게 떨어짐을 경험하게 만든다. 정신적 기능 감퇴는 인지기능의 감퇴를 불러오게 되는데 인지기능의 감퇴를 지연시키기 위해서는 뇌를 지속적으로 자극하여 뇌의 노화를 지연시키는 것이 필요하다. 이것은 현재 사회적인 문제로 대두되고 있는 치매를 예방하는 것과 직접적인 관련이 있다고 하겠다.

인지기능의 저하는 노화와 더불어 일반적으로 나타날 수 있는 현상으로 다른 연령대에 비해서 노화가 급속하게 진행되는 노년기에 상대적으로 심각한 문제로 인식되고 있다. 특히, 인지기능이 저하된 노인들은 치매에 걸릴 가능성이 더 커진다는 연구결과들이 보고되고 있어 많은 학자들이 인지적 기능을 보존하고 인지적 기능의 저하를 예방하기 위해 위험 요소들을 파악하는 데 노력을 기울여 왔다(Hendrie et al., 2006; Knight, 2014).

인지기능과 관련한 연구의 주된 목적은 크게 세 가지 방향을 생각해 볼 수 있다. 첫째, 많은 선행연구에서 제시한 바와 같이 인지기능의 손상과 관련된 요인을 파악함으로써 인지기능 장애를 예방하기 위한 방안을 제시하고자 하는 것이다. 둘째, 손상된 인지기능이 호전된 노인들을 대상으로 인지기능 개선 여부와 관련된 예측요인을 검증함으로써 치료적 방안을 제안하기 위함이다. 셋째, 퇴화하고 있는 노인의 인지기능을 예방하고자 다양한 방법의 인지향상 방법이 제시되었다. 이러한 연구들의 결과로 인지기능의 예방이 인지기능의 개선과도 밀접한 관계가 있다는 것에 대한 연구결과를 도출하게 되었다. 신체적인 노화로 몸을 움직이는 횟수가 줄어들어 신체가 더욱 퇴화하는 것처럼 인지기능도 사용하지 않음으로 인해 더욱 떨어질 수 있다는 것이다(신원우, 2011). 인지기능 향상은 신체뿐만 아니라 정신적인 건강까지 돌볼 수 있기 때문에 인지기능을 향상시켜 노년의 삶을 보다 풍요롭게 할 필요가 있다. 이를 위해 가드너의 다중지능이론을 바탕으로 영역별로 교수-학습법은 안전한 사회 환경 안에서 재미와 흥미를 유발할 수 있는 인지활동으로 노인의 삶의 질을 높이며 치매예방에도 도움이 될 것이다.

제 2 장

가드너의 다중지능이론

1. 가드너의 다중지능이론의 정의
2. 가드너의 다중지능이론의 영역
3. 다중지능이론에 근거한 노인 교수-학습법

1. 가드너의 다중지능이론의 정의

다중지능이론(Multiple Intelligences Theory)은 가드너(Howard Gardner)가 1983년 「Frames of Mind」라는 그의 저서에서 제창한 이론이다. 가드너는 인간의 지능을 특정 문화권에서 중요한 문제를 해결하거나 문화적 산물을 창조하는 능력이라고 정의하였다(신명희, 2000). 가드너는 언어와 논리-수학으로 지능을 이해하려는 관점보다는 다중지능이론을 통해 지능이론과 지능검사-지능지수 등을 비판하여 총체적인 일반지능을 가정하는 기존 지능의 정의에서 탈피해야 한다고 주장하였다. 가드너의 다중지능이론은 학습자의 사고력과 창의성을 최대한 신장시키면서 각 개인이 지닌 다양한 능력을 발굴 개발하는 것을 강조하였다. 지능은 문화적으로 가치 있는 물건을 창조하거나 문제를 해결함에 있어 유용하게 쓰일 수 있는 정보를 처리하는 생물 · 심리학적인 잠재력이라고 하여 능력이 발현될 수 있는 환경의 중요성을 강조하였다.

언어적 능력이나 논리 수학적 능력은 학교 교육을 받는 동안에는 상당한 영향을 미치지만 사회생활에서는 이러한 능력 이외에 다른 지적 능력들이 필요하므로 이러한 지적 능력들을 지능의 정의에 포함하여야 한다(안도희, 2013). 즉, 지능은 문제를 해결하거나 한 가지 이상의 문화에서 가치 있다고 여겨지는 것을 만들어내는 능력이며, 사람은 각각의 지능을 가지고 있는 정도와 각각의 지능을 혼합하여 이용하는 면에 개인차가 있기 때문에 지능과 관련된 두뇌 부위와 문화에 따라서 차이는 있지만 각각의 지능은 향상될 수 있다. 다중지능이론은 학교 교육과정이나 수업 그리고 평가에서 소홀하게 여겨온 영역에서 지적발달을 촉진시킬 수 있다는 것을 보여주고 있다(박소영, 송민정, 2012). 이러한 정의에 근거하여 다중지능이론의 기본적인 원리를 세 가지로 요약하면 다음과 같다.

첫째, 지능은 단일한 능력요인 혹은 다수의 능력요인으로 구성된 하나의 지능으로 구성되는 것이 아니라 서로 별개로 구분되는 다수의 지능으로 구성된다.

둘째, 8가지의 지능은 서로 독립적이다. 지능의 각 영역이 독립적이고 그 종류가 다양하기 때문에 한 영역의 지능이 뛰어나다고 해서 진체 지능이 같은 결과를 보이는 것은 아니다. 각각의 지능은 한 영역이 부진하다고 해서 다른 영역의 지능도 부진할 것이라는 평가를 내릴 수 없다는 것이다. 천재성은 특정한 영역에서만 한정된 것을 보아도 알 수 있다. 인간은 전체적인 일반적 능력에 의존해 살아왔다기보다 특수한 영역에서 지능을 발달시켜 진화되어 왔다. 그래서 가드너는 모든 사람들은 좋은 교육 여건은 높은 수준의 지능수준까지 개발시킬 수 있다고 주장하였다.

셋째, 지능은 서로 상호작용한다. 각각의 지능이 독립적으로 존재하면서도 서로 상호작용한다는 것이다. 예를 들어 음악분야의 활동은 어느 분야든 음악적 지능을 요구한다. 음악분야 안에서도 악기는 신체-운동 지능, 노래 부르기는 언어적 지능, 지휘자는 대인관계 지능, 뮤지컬과 같은 음악은 공간적 지능, 대인관계 지능 등을 포함한다.

이와 같이 지능의 기능은 독립적이기도 하지만 문제해결의 상황에서는 서로 상호작용한다는 것을 설명하고 있다. 정리하자면 인간의 지능은 하나의 정의로 설명될 수 없는 복잡하고 다양한 영역으로 이루어져 있는데, 이 각 영역들은 인지적으로 분류될 수 있으며 이들은 독립적으로 존재하기는 하지만 기능적으로 상호작용하여 인간의 행동에 복합적인 형태로 나타난다는 것을 알 수 있다.

2. 가드너의 다중지능이론의 영역

(1) 언어적 지능(Linguistic Intelligence)

언어적 지능이란 자신의 생각을 표현하며 다른 사람의 말을 이해하며 생각을 글로 표현할 수 있으며 언어를 효과적으로 구사하는 능력을 말한다. 언어지능이 높은 사람은 단어를 잘 활용하고 글을 읽고 쓰며 말하기 등 언어에 대한 포괄적인 능력을 가지고 있다. 구술, 작가, 웅변가, 정치가, 시인, 극작가, 기자 등의 직업을 가진 사람들에게 주로 볼 수 있다.

(2) 논리-수학적 지능(Logical Mathematical Intelligence)

논리-수학적 지능이란 숫자를 효과적으로 사용하고 추론하는 능력으로써 언어적 기술과 더불어 IQ 검사의 주축을 이룬다. 이 지능에는 논리적 유형과 논리적 관계 그리고 이와 관련된 추상적 사고 능력이 포함된다. 범주화, 분류, 추리, 일반화, 계산 등이 있다. 과학자, 수학자, 엔지니어링 등의 직업을 가진 사람들에게 주로 볼 수 있다.

(3) 공간적 지능(Spatial Intelligence)

공간적 지능은 도형, 그림, 지도, 입체 설계 등의 공간적 상징체계에 소질과 적성을 보이는 사람들이 가지고 있는 능력이다. 공간에 대한 기억력, 시각적 상상력, 공간적 조화 등이 있다. 새로운 물건을 만들거나 가구를 배치하는 일 혹은 길 찾기 등이 여기에 속한다. 예술가, 건축가, 공학, 패션, 스포츠, 컴퓨터 그래픽 등의 직업을 가진 사람들에게 주로 볼 수 있다.

(4) 음악적 지능(Musical Intelligence)

음악적 지능은 가락, 소리, 리듬 등의 음악적 상징체계에 민감하고 그러한 상징들을 창조적으로 사용할 수 있는 능력을 말한다. 노래를 부르기, 악기 다루기, 작곡, 감상 등으로 청각적으로 민감성을 가지고 있는 사람들이다. 음악적 지능이 있는 사람들은 곡을 듣기만 했는데도 악기를 연주할 수 있다든가 혹은 작곡에 뛰어난 능력을 가진 사람들이다. 베토벤은 청각을 잃었음에도 불구하고 작곡을 할 수 있었던 것은 그의 음악적 지능이 천재성을 가지고 있었기 때

문이다. 성악, 연주, 작곡, 지휘, 댄서, 음향 콘텐츠 개발 등의 직업을 가진 사람들에게 주로 볼 수 있다.

(5) 신체-운동 지능(Bodily-kinesthetic Intelligence)

신체운동 지능이란 춤, 운동, 연기 등의 상징체계를 쉽게 익히는 창조하는 능력이다. 이 지능이 발달한 사람은 신체적 활동에 쉽게 몰입하여 즐길 수 있으며 말이나 글보다 무용이나 연극 등에서 신체로 자신의 내면세계를 표현하는 데 뛰어난 재능을 보인다. 공예, 수예, 기계조작, 춤, 연기, 무용 등이 적성에 잘 맞다.

(6) 대인관계 지능(Interpersonal Intelligence)

대인관계 지능은 타인의 기분이나 의도, 동기, 감정을 잘 이해하고 사람들과 친화력을 가지고 있어 대인관계를 잘 이끌어 나갈 수 있는 능력을 가지고 있다. 현대에서 대인관계 지능은 삶을 살아가는 데 중요한 부분을 차지한다고 볼 수 있다. 사람들과 함께 활동하는 것을 좋아하므로 교사, 정치가, 종교인, 영업, 심리치료사 등의 직업을 가진 사람들에게 주로 볼 수 있다.

(7) 개인내적 지능(Intrapersonal Intelligence)

개인내적 지능은 자기감정의 범위와 종류 그리고 감정에 대한 구별을 잘 할 수 있어 자신과 관련된 문제들을 잘 해결해 나갈 수 있는 능력이 있다. 또한 자기 자신에 대한 이해가 스스로 조절하고 통제하며 자기관리 능력이 뛰어나다 할 수 있다. 상담, 고객서비스, 봉사, 간호사, 여행가이드 등의 직업을 가진 사람들에게 주로 볼 수 있다.

(8) 자연탐구 지능(Naturalist Intelligence)

자연탐구 지능은 주어진 환경을 잘 구별하며 활용하고 생태계를 이해하고 자연과 문명과의 관계를 볼 수 있는 능력을 말한다. 자연 친화력이 강한 사람은 자연생태계를 좋아하며 관찰하고 싶어 하며 조사 탐색, 관찰하기를 좋아한다. 여행가, 탐험가, 동물학자, 식물학자, 고고학자 등이 적성에 잘 맞다.

3. 다중지능이론에 근거한 노인 교수-학습법

노인은 뇌의 노화로 인하여 뇌기능이 쇠퇴하고 있다. 어느 영역에서 뇌의 기능이 쇠퇴하는지에 대해서는 개인의 차가 크다. 하지만 가드너의 지능은 각각 독립적으로 기능하면서 서로 상호작용하기 때문에 뇌의 기능이 쇠퇴하고 있는 노인에게 학습을 통해 개별적으로 뇌의 기능을 활성화시킬 수 있다는 근거(박응희, 2011)를 가지고 노인인지향상 교수법을 구성하였다.

(1) 언어적 지능을 위한 교수-학습법

언어적 지능은 말이나 글로 표현하는 능력으로 자신의 생각을 언어로 구체적으로 표현하도록 돕는다. 언어적 지능을 강화하는 데 활용될 수 있는 교수-학습법은 다음과 같이 구성하였다.

노래 가사 낭송, 이야기 만들기, 속담이나 퀴즈 알아맞히기, 시 쓰기, 동화 재구성하기, 뮤지컬, 단어 설명하기 등이 있다.

(2) 논리-수학 지능을 위한 교수-학습법

논리, 수학 지능은 추리력에 관한 것으로 일반적인 계산하는 것에 한정된 것으로 생각하기 쉽다. 그러나 논리-수학 지능은 다양한 활동을 통하여 재미와 흥미를 유발할 수 있도록 다음과 같이 구성하였다.

숫자를 이용하여 큰 수와 작은 수를 구분하기, 어린 시절 가지고 놀던 재료를 이용하여 숫자 계산하기, 같은 모양 분류하기, 숫자 기억력 높이기 등이 있다.

(3) 공간적 지능을 위한 교수-학습법

공간지능은 시각 세계를 정확히 인식하고 자신의 초기 인식을 변화시키며, 시각적 경험을 다시 창조하는 능력을 가진다. 이러한 시각적 경험을 할 수 있도록 다음과 같이 구성하였다.

자신이 생각한 형상을 그림이나 만들기를 통해 형상화하기, 입체 그림 그리기, 퍼즐놀이, 도형으로 그림 그리기, 화병 만들기, 가족에 대한 감성을 공간적으로 표현하기, 길 찾기 등이 있다.

(4) 음악적 지능을 위한 교수-학습법

음악적 지능은 사람의 감정을 음악으로 표현하고 나누고 인식하고 전달하는 기본적인 도구로 활용된다. 가드너는 음악적 지능이 언어적 또는 공감적 지능보다 더 다양하게 인간의 두뇌에 존재한다고 본다. 특히 이 지능은 내향적인 능력으로 다양한 방법을 통하여 발달시킬 수 있다. 음악적 지능을 촉진시킬 수 있는 활동으로 다음과 같이 구성하였다.

노래 중심의 음악적 율동, 리듬악기 연주, 소고연주, 장구연주, 음악을 통한 회상, 동요 변형하여 부르기, 노래 제목 알아맞히기, 초성으로 가수 이름 알아내기 등이 있다.

(5) 신체-운동 지능을 위한 교수-학습법

신체-운동 지능은 자신의 신체를 소통의 방법으로 활용해 자신을 표현해 내고, 작품을 창조해 내는 능력이다. 춤, 운동, 연기, 손으로 만드는 예술작품, 몸 전체로 하는 신체활동을 즐길 수 있는 능력이다. 신체의 움직임을 경험하여 지능을 높이기 위한 방법을 다음과 같이 구성하였다.

표정 짓기, 라인댄스, 포크댄스, 실버체조, 기체조, 흉내 내기, 소리 없이 전달하기, 무음 스피드 놀이 등이 있다.

(6) 대인관계 지능을 위한 교수-학습법

대인관계 지능은 함께 활동함으로써 상호작용하고 이로 인해 타인의 감정을 이해하고 의사소통할 수 있으며 감정에 효과적으로 대응하는 능력과 관련된다. 상대방의 얼굴표정, 음성, 몸짓 등에 감수성을 키워 지능을 발달을 높이기 위한 활동으로 다음과 같이 구성하였다.

계란판 놀이, 스태킹 컵놀이, 팽이 릴레이, 감정 알아맞히기 등이 있다.

(7) 개인내적 지능을 위한 교수-학습법

개인내적 지능은 자기 자신을 이해하고 삶 속에서 자신의 삶을 조절하며 효과적으로 대처해 나갈 수 있는 능력이다. 자신의 성격이나 성향, 신념, 자기관리, 자기조절을 할 수 있도록 도와 개인내적 지능을 높일 수 있도록 하기 위한 활동으로 다음과 같이 구성하였다.

나도 연예인, 나를 표현해 보아요, 나의 일과표, 나의 감정 습관, 나의 자서전 등이 있다.

(8) 자연탐구 지능을 위한 교수-학습법

자연현상을 탐구하고 자연의 변화를 인식하여 환경에 적응할 수 있는 능력을 말한다. 자연물의 특성을 탐색하고 공통된 특성을 가진 것끼리 분류하고 계절에 따른 강수량의 변화를 측정하며 동식물의 성장 과정을 특정하는 활동이 자연탐구 지능에 속한다. 자연탐구 지능을 향상시키기 위해 다음과 같은 활동으로 구성하였다.

자연관찰이나 자연현상, 자연에 대한 관심으로 개구리의 성장과정, 사계절의 변화, 바닷속 풍경, 우주 탐험, 꼬끼오 육아일기 등이 있다.

제 3 장

언어지능 프로그램

노래 가사 낭송

나에게 주는 글

아이템으로 이야기 만들기

꽃 청춘 뮤지컬

시 쓰기

노래 가사 낭송

목표

1. 긍정적인 노래 가사를 쓰고 읽고 말함으로써 언어적 기능을 활성화할 수 있다.
2. 노래 가사를 낭송하고 외우는 활동이 언어적 인지향상과 치매 예방에 도움을 줄 수 있다.

준비물

도화지, 사인펜, 색연필, 한지, 풀

음원(행복해요-추가열)

활동내용

1. 노래 가사와 연관 지어 이야기 나눈다.
   - 행복하다고 느낄 때는 언제인가요?
   - 행복은 눈에 보이지 않는데 어떻게 행복하다는 것을 알 수 있을까요?
   - 노래 가사의 어느 부분이 마음에 와닿는지 이야기해 볼까요?
2. 노래 가사를 한 소절씩 소리 내어 읽는다.

3. 활동지를 제시하고 사인펜이나 색연필 등을 제시하여 노래 가사를 쓰고 배경을 자유롭게 꾸밀 수 있도록 한다.
4. 낭송할 때의 소감을 이야기 나눈다(소감을 발표할 때 감정표현을 중심으로 발표할 수 있도록 한다).
5. '행복해요' 노래를 율동과 함께 부른다.

주의사항

- 노래 가사를 고를 때는 삶의 긍정적인 면을 회상할 수 있는 가사를 고른다.
- 노래 가사를 쓰면서 가사의 의미를 되새겨보는 것은 좋으나 가사가 너무 길어서 전체를 쓰기 힘들 때는 일부분만을 사용하여 가사를 적도록 한다.

응용

- 노래 가사가 아니더라도 긍정적 의미를 가진 시를 낭송하는 것도 좋다.
- 노래 가사의 일부분을 자신의 상황에 맞게 개사할 수 있다.

사례

행복해요

(숨 쉴 수) 있어서 (바라볼 수) 있어서
(만질 수)가 있어서 정말 (행복해요)
(말할 수)도 있어서 (들을 수)도 있어서
(사랑할 수) 있어서 정말 (행복해요)
(죽은 이)의 그토록 바라던 (소원은)
(숨 쉬는 오늘)이 바라던 내일이죠
(살아 있어 행복해) 살아 있어 행복해
(네가 있어 행복해) 정말 행복해요

지도사 역할

- 가사를 통해 자신의 삶 속에서 긍정적인 면을 찾을 수 있도록 한다.
- 행복을 느꼈을 때 감정을 회상하면서 현재 자신의 현실에서 행복의 감정을 발견하고 언어적으로 표현할 수 있도록 한다.
- 언어적 지능은 가장 많이 연구되고 사용하는 영역이다. 노년기에 언어적 기능을 저하되는 것을 막기 위해 익숙한 노래 가사를 통해 거부감 없이 언어적 인지능력을 향상할 수 있도록 한다.

나에게 주는 글

목표

1. 글쓰기 활동을 통해 언어적 기능을 향상시킨다.
2. 자신의 삶과 경험을 글로 남기면서 성취감을 느끼고, 자신의 존재 가치를 재확인할 수 있다.

준비물

색종이, 볼펜, 레이스 종이, 풀 등

활동내용

1. 자신에게 해 주고 싶은 말에 관하여 이야기 나눈다.
    - 자신에게 표현하고 싶은 말은 무엇인가요?
    - 살아오면서 자신이 가장 잘한 일은 무엇인가요?
    - 과거의 나에게 어떤 말을 해주고 싶나요?
    - 자기 자신에게 표현하고 싶은 말은 무엇인가요?
2. 색종이로 꽃 접기를 한다.
3. 종이 레이스에 자신에게 해주고 싶은 말을 쓰고 꾸미기를 한다.

4. 참여자가 자신의 글을 읽을 때 모두 긍정적인 피드백이나 박수 혹은 엄지 척을 한다.

주의사항

- 색종이로 꽃을 접을 때 너무 어렵거나 복잡한 것은 피하고 참여자가 쉽게 접을 수 있는 방법으로 하는 것이 좋다.
- 카드를 꾸미는 데 시간이 오래 걸린다고 판단될 때는 지도사가 미리 간단한 작업은 해서 활동의 의미를 두는 시간을 충분히 가지는 것이 좋다.

응용

- '내 인생의 가장 행복했던 순간'. '내가 가장 자랑스러웠던 순간' '미래의 나에게 보내는 글' 이런 형태로 주제를 확실히 제시하는 것도 좋다.
- '내가 찍은 사진에 한 줄 댓글 달기' 등의 활동으로 사진을 이용하여 의미 있는 시간을 떠오르게 하는 것도 좋다.

사례

지도사 역할

- 참여자가 부담 없이 자신의 감정을 표현할 수 있도록 따뜻하고 개방적인 분위기를 조성한다.
- "이 글이 참 따뜻하네요. 이런 감정을 공유해 주셔서 감사합니다."와 같이 지도사가 긍정적인 피드백을 유도하는 것이 좋다.

- “나누고 싶은 분은 자유롭게 발표하셔도 좋고, 조용히 적어도 괜찮습니다.” 발표하는 것에 대하여 거부감을 느끼지 않도록 자연스러운 분위기를 조성한다.
- 글쓰기가 부담스러운 참여자를 위해 단어 나열, 짧은 글, 이야기 형식 등 다양한 방법 안내한다. 짧은 구절이나 단순한 감정 표현도 훌륭한 작품이 될 수 있음을 강조한다.

아이템으로 이야기 만들기

목표

1. 아이템을 통해 이야기 꾸미기를 할 수 있다.
2. 이야기 꾸미기를 통해 언어의 생각하기 말하기 영역에 도움을 줄 수 있다.

준비물

도화지, 풀, 색종이, 아이템, 한지

활동내용

1. 오늘 활동할 이야기 꾸미기 아이템을 보여준다.
   - 여기에 여러 가지 아이템이 있어요. 어떤 것이 있는지 한 사람씩 돌아가면서 이야기해 볼까요? (아이템을 하나씩 보여주고 돌아가면서 말하도록 한다)
2. 이야기 꾸미기 활동에 아이템을 확보하기 위하여 OX 퀴즈 놀이를 한다.
   - 아이템을 얻어야 이야기를 구성할 수 있어요, 아이템을 얻기 위한 방법으로 놀이를 하도록 하겠습니다. OX 퀴즈 놀이에서 이기

면 원하는 아이템을 가져갈 수 있고 놀이에서 지면 획득한 아이템 중 하나를 내어놓는 규칙을 정하도록 하겠습니다.

3. 참여자는 획득한 아이템을 전부 넣어서 이야기 만들기를 한다.

주의사항

- 아이템을 만들 때 중복되지 않도록 다양한 종류의 아이템을 만드는 것이 좋다.
- 아이템을 집단원들이 만들어서 사용할 때는 간단하게 만들 수 있는 것을 선택하는 것이 좋다.
- 아이템 획득 놀이를 할 때 놀이에 너무 몰입하여 활동에 지장을 주지 않도록 조절한다.

응용

- 아이템은 지도사가 만들어서 준비하여도 좋고 집단원이 많을 경우 각자 하나씩 아이템을 만들어서 활동하여도 좋다(이때 활동에 관한 이야기는 미리 하지 않아야 다양한 아이템이 나올 수 있다).
- 개인별로 실시해도 좋으며 집단으로 실시할 경우 몇 사람씩 팀을 나누어서 아이템을 가지고 이야기 꾸미기를 하면 좋다.
- 아이템을 만들어서 사용해도 좋지만 집단에 참여한 사람들이 각자 하나씩 그림을 그리고 그림을 바탕으로 이야기 꾸미기를 하여도 좋다.

사례

이야기 전개

배가 바다 위를 항해하고 있는데 갑자기 파도가 몰아쳐서 배에 있는 여러 가지 물건들이 바다로 떨어졌습니다. 그중에서 티셔츠가 바다에 떨어졌는데 그 티셔츠가 물고기들의 꼬리에 붙어서 물고기가 헤엄을 칠 수 없게 되었습니다. 그래서 다른 물고기들은 오징어 의사에게 가서 아픈 물고기를 치료해 달라고 하였습니다.

오징어 의사는 해초를 가지고 아픈 물고기의 꼬리에 붙어있는 티셔츠를 떼어냈습니다.

그래서 다른 물고기들이 오징어 의사에게 왕관을 씌워 주었습니다. 오징어 의사의 훌륭한 마음을 칭찬하기 위해 하늘에서 바다로 병을 낫게 하는 신비한 꽃잎을 주어서 다시는 바다의 물고기들이 아프지 않게 되었습니다.

지도사 역할

- 참여자의 활동 동기를 높이고 흥미를 유발하기 위하여 놀이를 통해 아이템을 확보하도록 한다.
- 아이템을 확보한 후 어떤 활동을 진행하는지에 대한 정보는 미리 말하지 않아야 참여자가 아이템을 고를 때 다양하게 고를 수 있다.
- 아이템을 이용하여 이야기를 구성하여야 하므로 언어적 능력을 최대한 활용할 수 있도록 격려한다.
- 언어적 표현을 통해 창의력을 가질 수 있도록 한다.
- 언어의 인지능력을 향상시키는 것은 언어와 관련된 문제가 발생하였을 때 해결할 수 있는 능력을 기를 수 있으므로 참여자 모두가 발표하도록 한다.

꽃 청춘 뮤지컬

목표

1. 음악과 대사를 구성하여 뮤지컬을 만들 수 있다.
2. 음악에 표현된 가사와 뮤지컬에 제시된 언어를 연결하여 표현할 수 있다.

준비물

활동지, 연필

활동내용

1. 뮤지컬에 관해서 이야기 나눈다.
   - 뮤지컬을 관람하신 적이 있나요?
   - 뮤지컬에 관해 설명해 준다.
   - 오늘은 우리가 모두 뮤지컬 배우가 되어 볼 거예요. 기분이 어떠하신가요?
2. 대본을 보여주고 각각의 역할을 정하고 자신이 맡은 역할에 나오는 노래를 불러본다.
3. 자신이 맞은 역할에 대하여 개별로 연습하고 전체로 연습한다.

4. 뮤지컬을 완성해 실제로 공연의 형식으로 진행한다.

주의사항

- 뮤지컬에 사용할 곡은 참여자들이 잘 아는 곡으로 선정하여야 한다.
- 역할놀이 형식으로 먼저 활동한 후에 곡을 붙여서 완성하는 것이 좋다.
- 주제를 선정할 때 부정적이거나 혹은 슬픈 주제를 선정하지 않는 것이 좋다.

응용

- 어린 시절을 회상하여 참여할 수 있도록 긍정적 회상을 할 수 있는 주제를 선택하는 것이 좋다.
- 해학과 풍자가 담긴 내용으로 기존의 음악들을 이용하여 새롭게 구상하여도 좋다.

사례

굵은 글씨는 노래로 표현한다.

주제: 집에 있는 송아지를 주제로 남편과 아내의 대화
출연: 영감, 마누라, 합창단 / 소품: 송아지, 병아리

합창: 송아지 노래 다 함께 노래 부르기*(송아지 –동요)*

마누라: **영감~~~ 내 영감~~**영감 영감 영감(호들갑을 떨면서)

영감: (귀찮다는 듯이) **왜 불러 왜 불러 바쁜 사람을 왜 불러 왜 불러***(송창식 – 왜 불러)* 아따 와 찾아쌌노 마, 바쁜데

마누라: 여봉~~~(콧소리를 내며) 뒤뜰에 뛰어놀던/ **송아지 송아지 얼룩 송아지** *(송아지–동요)* 한 마리 보았수~~~

영감: **엄마소도 얼룩소 엄마 닮았네***(송아지–동요)* 왜 끝까지 안 부르는겨? 노래는 자고로 끝까지 해야 제맛이지… (눈치 보면서)
송아지? 음 봤지~~

마누라: *어쨌수*(다가서며 궁금한 듯)

합창: **영감 이제 큰일났네 큰일났네 큰일났어** *(노래: 우리집에 왜 왔니)* **집에서 쫓겨날 거야~~**

영감: 흠… 그게 말이시 나가 말이여(당당하게)
떴다떴다 비행기 날아라 날아라 멀리 멀리 날아라 우리 비행기*(비행기 – 동요).* 시방 당신이랑 뱅기 타고 해외여행 갈라고, 팔았지~~~(능청스럽게)

마누라: 아이고 우리 영감 밖에 없네 그려(손뼉을 치며 기뻐한다)

합창: **잘했군 잘했어 잘했군 잘했군 잘했어**(서로 보며 춤춘다)
그러게 내 마누라(내 영감) 이라지/ 다 함께 여행을 떠나자 노래 부르며 춤춘다*(조용필–여행을 떠나요)*

지도사 역할

- 뮤지컬 활동을 통해 언어의 학습 범위를 넓힌다.
- 경험하지 못한 역할에 대해서 흥미를 가질 수 있도록 격려하고 동기 유발을 위해 지도사가 먼저 시범을 보인다.
- 뮤지컬에 나오는 노래를 반복하여 불러서 언어표현에 대한 두려움을 감소시킨다.
- 언어의 기능은 보편적으로 발달과정에서 빠르게 성장하는데 노년기에는 이러한 기능을 덜 사용하게 되어 언어적 기능이 퇴화하게 되므로 사회적인 관계를 통해 언어적 기능을 향상시킬 수 있도록 유도한다.

시 쓰기

목표

1. 과거를 회상하고 시로 표현할 수 있다.
2. 노화로 인해 퇴화되어 가는 언어적 기능을 활성화시킨다.

준비물

활동지, 연필, 한지, 풀, 가위, 크레파스

활동내용

1. 오늘 활동에 대한 이야기를 나눈다.
    - 시를 써 보신 적이 있나요?
    - 어린 시절 학교에 대한 기억을 이야기해 볼까요?
    - 지금 나의 이름에 대해서 생각해 보신 적이 있을까요?
    - 나의 이름은 누가 제일 많이 불러 줬나요?
2. '학교, 나의 이름'을 시 주제를 준다.
3. 활동지를 제시하고 추억을 되살려 시를 쓸 수 있도록 한다.
4. 배경음악을 틀어주고 시를 자신이 지은 시를 낭송하도록 한다.

주의사항

- 시를 쓴다는 것에 어려움을 호소할 수 있으므로 마음의 표현을 그대로 하는 것이니 어려워하지 않도록 격려한다.

응용

- 시 낭송을 할 때 몇 가지 음악을 준비하여 주제에 따라 음악을 다양하게 틀어주는 것이 좋다.
- 시 쓰기 활동 시 자유롭게 하여도 좋지만 참여자가 시 쓰기 활동에 부담을 느낀다면 틀을 제시하는 것도 좋다.

  예를 들어, ____________을 보면 봄이 생각난다.

  ____________을 보면 봄이 생각난다.

  ____________을 보면 봄이 생각난다.

  나의 봄은 ______________________이다.

사례

학 교

황화춘

학교 가고 싶다
학교 가고 싶다
산에 나무하로 갈때마다
부르든 노래
내대신 우리딸 대학 보내면서
이제는 그노래
잊었 버렸다

지도사 역할

- 참여자가 가지고 있는 기억들을 시를 통해 언어적으로 표현하며 과거에 대한 긍정적 회상을 할 수 있도록 돕는다.
- 시를 낭송할 때 분위기를 조성하여 읽기의 기능을 높인다.

제4장

논리-수학지능 프로그램

산수야 놀자

콩주머니 놀이

재미있는 숫자 놀이

기억력 낚시놀이

같은 모양을 찾아라

산수야 놀자

목표

1. 덧셈과 뺄셈을 이용하여 계산능력을 기를 수 있다.
2. 집중력과 기억력을 향상시킬 수 있다.

준비물

숫자 카드, 종

활동내용

1. 활동하기 전에 이구동성 놀이를 한다.
   - 산, 바다/ 자장면, 짬뽕/ 피자, 치킨/ 고무신, 운동화/ 콜라, 사이다
2. 1에서 20까지 숫자 카드를 두 개씩 준비하여 하나씩 나눈다.
3. 먼저 한 사람이 카드를 뒤집고 또 다른 사람이 카드를 뒤집는 순서이다.
   - 카드를 뒤집어서 상대가 보이도록 놓는다.

방법1: 한 사람이 카드의 숫자 3을 뒤집었을 경우 상대방이 큰 수를 뒤집었다면 먼저 알아차린 사람이 종을 칠 수 있다.

방법2: 한 사람이 숫자 5를 뒤집었고 상대방이 같은 숫자 5를 뒤집었다면 먼저 알아차린 사람이 종을 칠 수 있다.

방법3: 숫자 8이 나왔고 상대방이 8보다 낮은 숫자가 나왔다면 먼저 알아차린 사람이 종을 치는 규칙으로 놀이를 하여도 좋다.

- 놀이의 규칙은 자유롭게 정할 수 있다.

  예를 들어, 같은 숫자가 나왔을 때 먼저 알아차린 사람이 종을 친다든지 혹은 상대방의 숫자보다 작은 수나 큰 수가 나왔을 때 종을 친다는 규칙 등을 정하면 된다.

주의사항

- 활동하기 전에 활동에 대한 충분한 설명이 필요하다.
- 숫자 활동의 규칙을 정하고 그 규칙에 따라 놀이를 한다. 첫 단계는 쉬운 규칙을 정하여 놀이를 하고 나중에 어려운 규칙으로 확대하여 놀이한다.
- 대상자의 인지적 특성에 따라 놀이의 난이도를 조절할 필요가 있다.

응용

- 숫자에 과일이나 캐릭터를 넣어서 카드를 구성하여 집중력을 기르는 것도 좋다.

- 두 사람이 카드를 뒤집었을 때 상대방의 숫자보다 2 큰 수 혹은 3 작은 수와 같은 방법으로 난이도를 조절하여 실시한다.
- 위에서 제시한 방법들은 혼합하여 사용하여도 된다.

사례

1	2	3	4	5
6	7	8	9	10
11	12	13	14	15
16	17	18	19	20

지도사 역할

- 기억력과 인지를 높이기 위한 활동이므로 참여자의 동기를 유발하기 위해 칭찬하며 자신감을 북돋운다.
- 다양한 감각을 자극할 필요가 있으므로 숫자 이외에 다양한 모양을 준비하여 단조로움을 피한다.
- 시각운동 협응 능력을 향상하기 위해 참여자가 잘하면 조금 빠르게 진행한다.
- 숫자나 규칙 등의 상징 체계를 효과적으로 사용함으로써 그와 관련된 문제를 해결할 수 있는 능력을 기른다.

콩주머니 놀이

목표

1. 콩주머니를 활용한 놀이이므로 어린 시절의 회상에 도움을 준다.
2. 콩주머니 놀이를 통한 계산능력을 기른다.

준비물

콩주머니, 계산판, 활동판

활동내용

1. 콩주머니에 대한 기억을 이야기 나눈다.
   - 어린 시절 콩주머니로 어떤 놀이를 하셨나요?
   - 콩주머니를 직접 만들어 보신 적이 있나요?
     콩주머니 만드는 방법을 설명해 주실 수 있나요?
   - 콩주머니 안에는 어떤 물질이 들어가나요?
   - 콩주머니를 같이 했던 친구 이름을 기억하시나요?
2. 콩주머니 놀이의 규칙에 대해서 설명한다.
   - 콩주머니의 색을 구별하여 준비한다.

- 콩주머니는 두 사람씩 짝을 지어 활동판에 던지는데 숫자가 낮은 사람은 상대방의 팀으로 옮겨간다.

3. 활동이 끝난 후 가장 많은 인원이 있는 팀이 승리한다.

주의사항

- 콩주머니는 팀을 나눌 수 있도록 두 가지 색으로 구분한다.
- 콩주머니를 '오자미'라고 부르지 않도록 조심한다.
- 경쟁하는 것은 좋지만 이기고 지는 것을 너무 강조하지 않는 것이 좋다.

응용

- 콩주머니 외에 말랑말랑 공을 활용하여도 좋다.
- 콩주머니를 머리 위 뒤로 던지기 놀이를 한다. 뒤에 있는 사람이 바구니나 큰 종이컵을 이용하여 콩주머니를 받는 놀이를 할 수 있다. 이 놀이는 한 팀씩 실시하는 것이 좋다. 콩주머니를 가장 많이 받는 팀이 이기는 놀이이다.
- 콩주머니 받기를 할 때 딸기 통 등 주변에 버려지는 재활용품을 활용한다.
- 콩주머니를 많이 획득한 팀이 이기는 놀이이다.

사례 콩주머니 놀이

콩주머니는 청팀 백팀으로 나누어 준비한다.

점수
5점
4점
3점
2점
1점

색깔별로 구분하여 활동판을 만든다.

지도사 역할

- 콩주머니에 대한 기억을 회상하면서 어린 시절 즐거웠던 시간을 현재의 긍정적인 놀이를 통해 즐거움을 기억할 수 있도록 한다.
- 과거에 대한 회상으로 이야기를 나눌 때 한 사람이 이야기를 독점하지 않도록 골고루 기회를 제공한다.
- 숫자를 이용하여 계산능력을 향상시킨다.
- 콩주머니 놀이의 승리를 위하여 논리적인 사고를 향상시킨다.
- 활동 전에 자신의 주변에 숫자들을 기억해 낼 수 있는 레크리에이션 활동을 통해 숫자 기억력을 높인다(차량번호, 전화번호, 가족들 생일, 기념일, 공휴일 날짜 등).

재미있는 숫자 놀이

목표

1. 숫자를 통해 논리적인 사고를 기를 수 있다.
2. 집중력과 기억력을 향상시킬 수 있다.

준비물

덧셈/뺄셈 카드, 탁구공, 종이컵 6개, 종이와 볼펜

활동내용

1. 덧셈과 뺄셈을 이용한 놀이규칙은 다음과 같이 설명한다.
2. 종이컵 안에 숫자를 1에서 6까지 쓰고 책상의 끝 아래 붙인다.
3. 책상 위에서 출발선을 그리고 탁구공을 밀어서 종이컵에 넣는다.
4. 두 팀으로 나누어 실시한다. 각각 10번 실시해서 종이컵에 들어간 숫자를 모두 합한다.
5. 두 팀에서 각각의 숫자의 합을 확인한 뒤 덧셈과 뺄셈 카드를 뽑는다. 그리고 한 번 더 탁구공을 굴려서 나온 숫자를 기록하고 연산카드를 적용하여 계산한다(예: 한 팀에서 탁구공을 굴려서 나온 숫자

의 총합이 51이고 연산카드에서 뺄셈을 뽑았다. 그 후에 한 번 더 탁구공을 굴려서 나온 숫자가 6이라면 그 팀의 최종점수는 51-6=45이다).

주의사항

- 이 숫자놀이는 둘이서 해도 좋고 여러 명이 해도 좋다. 하지만 인원이 너무 많을 경우 여러 팀으로 나누기보다는 두 팀으로 나누어서 대표 몇 명이 탁구공을 굴리고 나머지는 계산을 하거나 혹은 응원을 하면 된다.

응용

- 덧셈과 뺄셈을 잘하게 되면 나눗셈과 곱셈도 추가해서 하면 좋다.
- 마지막에 주사위 던지기 대신에 탁구공을 한 번 더 굴려서 나온 점수를 사용해도 좋다.
- 이 놀이는 계란판을 이용할 수 있다.
- 계란판 안에 숫자를 1에서 30까지 쓰고 각 팀에서 탁구공을 던져서 나온 숫자를 모두 합하고 사칙연산 카드를 뽑고 다시 한번 탁구공을 던져서 나온 숫자와 계산하는 방식이다. 예를 들어 A팀의 숫자 합계가 65이고 B팀의 숫자 합계가 42이다. A팀은 사칙연산카드에서 곱하기를 뽑았고 한 번 더 탁구공을 던져서 숫자 0이 나왔다. B팀은 사칙연산 카드에서 빼기를 뽑았고 탁구공을 한 번 더 던져서 10이

나왔다면 A팀의 총 점수는 0이고 B팀은 32이다.

사례

지도사 역할

- 팀원 간 공동의 목표의식을 가지고 도전의식을 가지도록 한다.
- 팀원 간의 사회성 발달과 의사소통 능력을 향상시킬 수 있도록 지도사는 간섭이나 지시를 삼가고 팀원들이 자율적으로 활동할 수 있도록 한다.
- 숫자를 더하고 빼는 활동은 지도사의 도움 없이 팀 안에서 이루어지도록 하여 계산능력을 높인다.

기억력 낚시놀이

목표

1. 낚시놀이를 통해 기억력과 집중력을 향상시킨다.
2. 놀이를 통해 문제해결에 대한 논리적 추론 능력을 향상시킨다.

준비물

자석 숫자놀이 교구, 낚싯대, 바구니, 바다 생물 모양, 상자

활동내용

1. 바다에는 어떤 생물이 있는지 이야기 나눈다.
   - 바다 안에 있는 생물은 어떤 것이 있을까요?
   - 바다 생물 가운데 우리가 먹을 수 있는 것은 무엇인지 찾아볼까요?
   - 바닷속은 어느 수심에서 깜깜하게 암흑세계가 될까요?
2. 바다 생물 알아맞히기 무음 스피드 놀이를 한다.
3. 논리적 추리를 위한 문제를 제시한다.

- 임금님이 신하를 불러 놓고 퀴즈를 내었습니다. '내가 여기 벽에 선을 그을 테니 절대 선에는 손을 대지 말고 이 선을 짧게 만들어 보아라' 하는 문제를 내었습니다. 이 문제의 힌트를 위하여 낚시를 해 볼까요?

4. 낚시해서 건져낸 바다 생물은 바구니에 담고 바다 생물의 뒤편에 있는 힌트를 가지고 문제를 추리하여 답을 구한다. 이때 낚시는 하는 시간을 정해 두거나 혹은 낚시로 건질 수 있는 개수를 정한다.
   - 힌트: 장, 단/ 연필/ 신하/ 비교/ 짱/ 다음 기회에/ 미안/ 우야노 등 힌트와 그렇지 않은 단어를 섞어서 낚시를 하도록 한다.
   - 정답은 임금님이 그어놓은 선보다 길게 선을 그리는 것이다.

주의사항

- 놀이를 바로 시작하지 말고 충분히 놀이를 익힐 수 있도록 먼저 낚시를 어떻게 하는지에 대한 연습을 하는 것이 좋다.
- 퀴즈는 너무 어려운 것을 선택하기보다는 가볍게 추리하여 정답을 알아낼 수 있는 것으로 선택한다.

응용

- 낚시놀이로 문제를 추리하여 정답을 알아내는 것 이외에 바다 생물을 종류별로 구분하여 유목화하는 놀이를 한다.

지도사 역할

- 손과 눈의 협응력과 신체 조절력을 향상시킨다.
- 퀴즈를 통하여 확장된 사고로 문제를 해결할 수 있는 능력을 기르고 논리적인 사고력을 기른다.
- 바다 생물을 같은 종류별로 유목화하여 논리적인 사고를 향상시킨다.

같은 모양을 찾아라

목표

1. 공간에 대한 기억력을 향상시킬 수 있다.
2. 집중력을 기를 수 있다.

준비물

종이컵, 아이템

활동내용

1. 청개구리 놀이를 한다.
   - 큰 빵 하면 작은 빵, 긴 떡 / 짧은 떡, 큰길 / 오솔길, 크다 / 작다 긴 떡 / 짧은 떡, 넓은 길 / 좁은 길, 굵은 다리 / 가는 다리
   - 큰 빵 큰 빵 / 작은 빵 작은 빵, 큰 빵 큰 빵 큰 빵 작은 빵 / 작은 빵 작은 빵 작은 빵 큰 빵
2. 색깔이 다양한 아이템을 준비한다.
3. 종이컵에 각각의 아이템을 넣는다(숫자, 캐릭터, 그림 등).
4. 놀이를 설명한다.

- 한 사람씩 종이컵을 뒤집어 나타나는 아이템을 기억하는 놀이이고 뒤집어서 아이템을 확인한 뒤 종이컵은 제자리에 놓아둔다.
- 자신이 종이컵을 뒤집었을 때 자신의 아이템과 앞에서 보았던 일치된 아이템이 기억날 경우 해당 아이템의 종이컵을 뒤집어서 두 아이템이 일치할 경우 아이템과 종이컵을 획득할 수 있다.
- 그러나 자신의 기억이 잘못되어 아이템이 일치하지 않을 경우 벌칙이나 혹은 자신이 가진 아이템을 내어 놓아야 한다.

주의사항

- 아이템은 여러 가지 종류의 아이템을 넣을 수 있으나 확실하게 모양이나 색깔이 구분되는 것을 넣어야 한다.

응용

- 아이템의 짝을 찾은 사람이 종이컵과 아이템을 가져가지 않고 종이컵은 그대로 두면서 아이템만 가져가면 난도를 높일 수 있다.
- 자연 친화적인 물건을 이용하여도 된다(솔방울, 도토리, 나뭇조각, 돌, 나뭇잎, 조개껍데기 등).

사례

지도사 역할

- 손과 눈의 협응력과 신체 조절력을 향상시킨다.
- 단기 기억력을 향상시키기 위해 논리적 사고를 사용할 수 있도록 한다.

제 5 장

공간지능 프로그램 I

벽지 테이프 그림

공작새 아트

우리 동네 입체그림

도형으로 그림 그리기

재미있는 퍼즐

벽지 테이프 그림

목표

1. 자신의 내면세계를 그림으로 표현할 수 있다.
2. 미술 활동을 통해 시각적 표현을 강화할 수 있다.

준비물

벽지, 종이테이프, 색연필, 사인펜

활동내용

1. 10초를 잡아라 놀이를 한다(10초 동안 단어를 말해 주고 기억하게 한다). 단어를 말할 때 다양한 종류보다 주제를 가진 단어를 제시한다.
   - 동물: 강아지, 고양이, 사자, 호랑이, 원숭이, 치타, 코끼리, 하마
   - 여름: 휴가, 바다, 선글라스, 태양, 방학, 아이스크림, 수박, 수영복
   - 음료: 콜라, 사이다, 오란씨, 봉봉, 써니텐, 식혜, 우유
2. 벽지에 종이테이프를 자유롭게 붙인다.

3. 종이테이프 위에 자신이 그리고 싶은 것을 그린다.

4. 그림을 다 그린 후 종이테이프를 떼어내어 완성한다.

5. 자신의 작품에 대해 설명할 수 있도록 격려한다.

주의사항

- 도화지에 종이테이프를 붙일 경우 테이프를 제거할 때 도화지가 뜯어지거나 훼손되는 경우가 있어 벽지나 두꺼운 재질의 종이를 사용하는 것이 좋다.
- 엠보싱(embossing)이 있는 벽지를 사용하면 크레파스로 색칠할 때 독특한 무늬를 활동에 이용할 수 있어 도화지보다 작품의 만족도가 더 좋다.
- 테이프를 붙일 때 중간에 끊어 짧게 연출하는 것보다 길게 붙이는 것이 작품의 완성도가 높다.
- 종이테이프는 굵은 것과 가는 것을 섞어서 사용하도록 한다.
- 종이테이프를 모양을 내어 잘라서 사용할 수 있다.

응용

- 주제를 자유롭게 선정하도록 하고 자신의 작품에 대해 발표할 수 있도록 한다.

사례

지도사 역할

- 그림을 통해 현재 자신의 정서를 시각적으로 표현해 낼 수 있도록 한다.
- 어릴 때 벽지에 낙서하는 행동은 금지되어 있었지만 지금 여기에서 참여자들은 자유롭게 벽지에 그림을 그리면서 자신의 억압된 감정을 해소하고 공간적으로 표현할 수 있도록 한다.
- 자신의 작품에 이름을 붙여서 자신의 작품에 대한 자신감을 가지도록 한다.

공작새 아트

목표

1. 작품을 입체적으로 꾸밀 수 있다.
2. 공간활용 능력을 기를 수 있다.

준비물

병뚜껑, 활동지, 목공 본드, 색채 도구

활동내용

1. 주변에 버려지는 재활용에 대하여 이야기 나눈다.
   - 우리 동네 재활용 버리는 날짜가 정해져 있다면 어느 날인가요?
   - 재활용을 버리지 않고 다시 사용한 적이 있나요?
   - 재활용은 어떻게 분류하는지 이야기 나누어 볼까요?
2. 도안이 그려진 활동지를 제시한다.
3. 도안 중에서 자신이 강조하고 싶은 부분을 골라 병뚜껑으로 표현한다.
4. 여백은 크레파스나 혹은 파스텔 등 기타 재료들로 자유롭게 꾸민다.

주의사항

- 도안을 지도사가 제시하여도 좋고 자유롭게 그리고 싶은 것을 그리고 활동하여도 좋다.
- 본드와 병뚜껑을 사용하게 되므로 바탕이 되는 재료는 도화지같이 얇은 것보다 두꺼운 종이나 우드블록, 폐목재를 활용한다.

응용

- 병뚜껑뿐만 아니라 빨대나 화장 솜이나 습자지, 포장지 등을 이용하여 꾸미기를 하여도 좋다(화장 솜을 이용할 경우 물감이 필요하다).

사례

지도사 역할

- 주변에 버려질 수 있는 물건들을 가지고 공작새를 꾸며봄으로써 주변에 대한 관심을 증가시키며 또한 관찰력을 향상시킨다.
- 자신만의 작품을 만들었다는 자신감을 가질 수 있도록 격려하고 작품을 소개할 때 긍정적인 피드백을 한다.
- 시각적 공간능력을 향상시킬 수 있도록 격려한다.

우리 동네 입체그림

목표

1. 자신이 사는 동네에 대한 공간적인 이해를 할 수 있다.
2. 공간을 활용하여 우리 동네를 재구성할 수 있다.

준비물

도화지, 크레파스, 풀, 도안

활동내용

1. '우리 동네는요?' 우리 동네에 대한 이야기를 나눈다.
   - 우리 동네 맛집의 이름은 무엇인가요?
   - 우리 동네에서 제일 유명한 것이 무엇인가요?
   - 우리 동네 자랑을 한번 해 보실까요?
   - 우리 동네 주소를 말해 볼까요?
2. 집 근처에 있을 만한 여러 도안을 제시한다.
3. 도안 중에서 우리 동네에 있는 도안을 골라 색칠한다.
4. 색칠한 도안을 입체적으로 점선 따라 접어서 붙인다.

주의사항

- 도안을 지도사가 제시하거나 참여자가 자유롭게 그려도 된다.
- 입체그림이므로 도안을 접을 때 입체적인 것과 아닌 것을 구별하여 접는 것이 좋다.

응용

- 입체적인 느낌을 내기 위하여 밑그림을 그리고 강조하고 싶은 부분에 클레이나 점토를 이용하여 만들어 붙여도 좋다.

사례

지도사 역할

- 집 주변에 대한 관찰력을 기르고 노화로 인한 기억력 감소에 도움이 되도록 주변에 대한 이야기를 충분히 나눈다.
- 집 주변의 이동 경로를 시각적으로 익히고 기억하게 한다.
- 집 주변의 맛집 지도, 관공서 지도, 은행지도 등 여러 가지 이름으로 바꾸어서 집주변 탐색을 여러 번 지도하는 것이 좋다.
- 집 주변뿐만 아니라 살고 있는 도시에 대한 특산물, 유명한 명소, 맛있는 음식 등을 주제로 이야기 나눈다.

도형으로 그림 그리기

목표

1. 도형으로 자신이 원하는 것을 시각적·공간적으로 표현할 수 있다.
2. 공간 배치에 대한 창의력을 기를 수 있다.

준비물

색종이, 풀, 도화지

활동내용

1. 여러 가지 도형을 탐색하게 한다.
   - 수박은 어떤 모양인가요?
   - 주변에 동그라미 모양을 한 것은 어떤 것이 있을까요?
     (세모, 네모, 타원형 등 여러 가지 모양의 물건 찾아보기)
2. 도형을 이용하여 지도사가 제시하는 모양을 꾸밀 수 있도록 한다.
3. 자신이 꾸민 도형에 대해 설명한다.
4. 여러 사람이 함께 참여한 경우 하나의 주제를 가지고 협동활동을 하면 좋다.

주의사항

- 도안을 지도사가 제시하는 것도 좋지만 참여자가 직접 도안이나 도형을 가위로 오릴 수 있도록 하면 동기부여의 기회가 된다.
- 처음부터 도형만 제시하고 무조건 꾸미기를 하지 말고 지도사와 함께 도형으로 꾸미기를 해 본 후에 개인별 도형 꾸미기를 할 수 있도록 한다.

응용

- 동화와 같이 주제나 이야기를 가지고 활동하여도 좋고 팀으로 나누어서 주제를 가지고 꾸미기를 하여도 좋다.
- 도형으로 모양을 만든 것을 이야기 형식으로 발표할 수 있다.

사례

로켓 표현하기

동화–해님달님

이야기 만들기

집이 하나 있었는데 이 집에는 세 사람이 살아요. 가족은 서로를 사랑하며 화목한 가정입니다. 집 주변에는 나무도 많고요. 저 멀리에는 산도 있어요. 나비도 있고 햇살도 좋은 그런 풍경이에요.

지도사 역할

- 집중력을 기르고 여러 가지 도형으로 창의놀이를 할 수 있어 활동에 대한 자기효능감을 가지게 한다.
- 도형을 이용하여 공간 꾸미기를 함으로 인해 공간지능을 향상시킨다.
- 도형 꾸미기와 이야기를 통해 창의성을 기를 수 있도록 한다.

재미있는 퍼즐

목표

1. 퍼즐 놀이를 통해 집중력을 기를 수 있다.
2. 색깔과 도형을 구별할 수 있다.

준비물

활동지, 퍼즐조각

활동내용

1. 활동지에 있는 색깔을 같이 말해 본다.
   - 활동지에 어떤 색깔이 있나요?
   - 자신이 좋아하는 색은 어떤 색인가요?
   - 활동지에 어떤 모양의 도형이 있는지 말해 볼까요?
   - 위에 제시된 퍼즐과 같은 모양의 퍼즐을 아래에 맞춰 보도록 할게요.
2. 활동지와 같은 모양이 되도록 퍼즐을 맞춘다.

주의사항

- 퍼즐 활동지를 만들 때 너무 작게 만들지 않도록 한다.
- 퍼즐을 만들 때 18조각을 미리 생각하여 18개의 모양이 겹치지 않도록 해야 한다.

응용

- 활동지 칸 안에 도형 이외에 참여자가 선호하는 문양이나 혹은 캐릭터를 그려 넣어도 된다.
- 도형 이외에 어르신이 선호하는 문양이나 혹은 캐릭터를 그려 넣어도 좋다.
- 퍼즐을 먼저 9조각으로 시작해서 18조각까지 점차 세분화한다.

사례

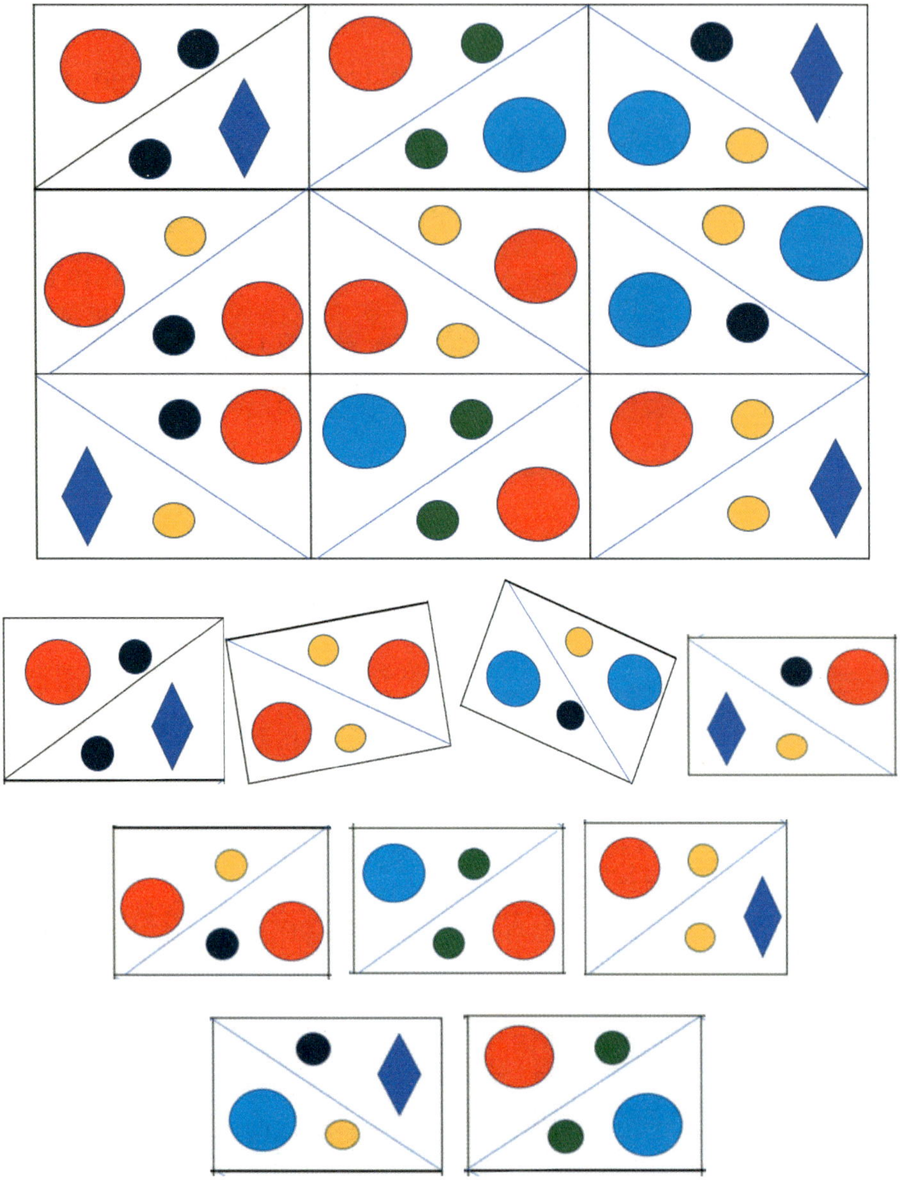

지도사 역할

- 집중력을 기르고 시각운동 능력을 향상시킬 수 있도록 한다.
- 공간에 대한 시각적 경험을 하게 한다.
- 퍼즐 맞추기에 익숙하지 않을 수 있으므로 도형놀이의 형식으로 접근하도록 한다.

제 6 장

공간지능 프로그램 Ⅱ

즐거운 우리 집

목표

1. 가족과 함께한 즐거운 회상을 통해 긍정적인 기억력을 향상시킨다.
2. 자신만의 집을 꾸밀 수 있고 공간에 대한 활용을 할 수 있다.

준비물

골판지, 하드바, 글루건, 리본, 수성 사인펜

활동내용

1. 즐거운 우리 집에 관한 이야기를 나눈다.
   - 최근에 집에서 즐거운 일은 어떤 것이 있었나요?
   - 우리 집에서 가장 재미있는 사람은 누구인가요?
   - 우리 집만의 즐거움이 있다면 어떤 것인가요?
   - 즐거운 우리 집이라는 말 이외에 우리 집을 또 어떤 말로 표현할 수 있을까요?
2. 재료를 이용하여 자신만의 우리 집 꾸미기를 자유롭게 한다.
3. ○○○ 우리 집 이름을 붙인다.

주의사항

- 가족에 대한 긍정적인 감정을 이끌어 낸다.
- 집 꾸미기를 어려워한다면 지도사가 집 꾸밀 때 기본 방향을 제시해 주어도 된다.

응용

- 집 꾸미기의 재료는 하드바만으로 할 수도 있다.
- 입체적으로 하기 위해 부분적으로 클레이, 병뚜껑, 리본 등을 사용하여도 좋다.

사례

지도사 역할

- 가족에 대한 긍정적인 사고를 할 수 있도록 격려한다.
- 다양한 재료를 이용하여 공간 꾸미기를 통해 공간적 능력을 향상시킨다.

명작 그림

목표

1. 관찰력을 기르고 형태 및 구도감을 익힌다.
2. 세부적인 작업을 수행하면서 집중력과 인내력을 기른다.

준비물

도안시, 색연필, 사인펜, 반짝이, 풀, 솜방망이 등 기타 소품

활동내용

1. 관심 있는 명화를 선정(예: 빈센트 반 고흐의 별이 빛나는 밤, 클로드 모네의 수련)하고 명화에 대한 이야기를 들려준다.
   - 명화를 감상하면서 느껴지는 감정에 대해 이야기 나눈다.
   - 명화의 구도와 비율, 형태들에 대해 이야기 나눈다.
2. 그림 중에서 자신이 특히 강조하거나 바꾸고 싶은 부분에 색칠하거나 꾸민다.
3. 자기 작품에 대한 설명을 한다.
4. 이 활동을 통해 느낌점에 대해 이야기 나눈다.

주의사항

- 명화그림을 할 때 원작에 대한 스토리나 그림의 배경 등을 충분히 설명한다. 원작에 대한 왜곡을 하지 않은 상태에서 자신만의 창의성을 발휘할 수 있도록 돕는다.

응용

- 다양한 명작들을 시리즈나 스토리를 만들에서 활동하는 것도 좋다.
- 참여자들이 한 명작을 여러 부분으로 나누어 함께 그려 하나의 작품으로 완성

사례

지도사 역할

- 대상자의 연령, 관심사, 수준에 맞는 작품을 선정(예: 초보자는 선이 간단한 그림, 숙련자는 명암과 색채 표현이 강조된 작품)한다.
- 단순히 똑같이 따라 그리는 것이 아닌, 명작의 기법을 배우고 자기 스타일로 재해석하는 경험을 강조
- 작품의 주요 특징(구도, 색감, 명암, 선 처리 등)에 대해 설명
작가의 의도와 시대적 배경을 이야기하며 미적 감각을 키울 수 있도록 유도한다.
- 주요 기법을 직접 시범 보이며 다양한 표현 방법 소개한다.

하얀 손수건

목표

1. 손수건의 공간을 활용하여 자신만의 소지품을 만들 수 있다.
2. 손의 소근육을 기를 수 있다.

준비물

면 손수건, 수예 실, 바늘, 가위

활동내용

1. 바느질에 관하여 이야기 나눈다.
    - 예전에 바느질해 보셨나요?
    - 바느질로 주로 어떤 것을 만들어 보셨나요?
    - 바느질하면서 주의해야 할 점은 무엇이 있을까요?
2. 손가락 운동을 한다. 건강박수를 치며 노래한다.
    - 손끝박수, 마디박수, 손바닥, 손등박수-보약 같은 친구로 건강박수를 친다.
3. 손수건 한쪽 끝에 수를 놓는다.

주의사항

- 바늘을 사용하게 되므로 상처가 나지 않도록 세심한 주의를 기울인다.

응용

- 손수건에 미리 모양이나 혹은 그림을 그려서 선을 따라 수를 놓을 수 있도록 한다.
- 전통문양이나 예쁜 캐릭터도 좋다.

사례

지도사 역할

- 섬세한 손놀림은 치매를 예방하고 집중력에 도움을 준다.
- 손 활동을 통해 성취감을 얻고 정서를 안정시켜 줄 수 있도록 하기 위해 활동 시 참여자가 좋아하는 음악을 틀어준다.
- 활동 전에 손가락 운동으로 뇌세포를 활성화할 수 있도록 돕는다.
- 작품의 완성도보다 손수건의 공간을 활용할 수 있고 자신만의 손수건을 만들 수 있다는 것에 중점을 둔다.

면봉 아트

목표

1. 주변의 생활 용품을 창의적으로 사용할 수 있다.
2. 공간활용 능력을 기를 수 있다.

준비물

면봉, 물감, 필레트, 글루건, 우공 본드

활동내용

1. 면봉에 대해서 이야기 나눈다.
   - 면봉은 어떠한 용도로 쓰이나요?
   - 면봉을 남과 다른 자신만의 용도로 사용해 본 경험이 있나요?
2. 물감이 묻어 있는 여러 가지 색의 면봉을 제시한다.
3. 바탕의 틀을 제시하거나 혹은 자유롭게 면봉을 사용하여 꾸밀 수 있도록 한다.
4. 자신이 만든 작품에 대하여 설명할 수 있도록 한다.

주의사항

- 도안을 지도사가 제시하여도 좋고 참여자가 원하면 자유롭게 그려도 된다.
- 물감과 면봉을 제시할 경우 옷이나 손에 묻을 수 있기 때문에 지도사가 물감으로 채색된 면봉을 제시하는 것을 권한다.
- 어르신들과 물감을 가지고 활동할 때는 주의를 기울여야 한다. 그렇지 않으면 부주의로 인한 문제가 발생할 수 있다.

응용

- 입체적인 느낌을 내기 위하여 밑그림을 그리고 강조하고 싶은 부분에 클레이나 점토를 이용하여 만들어 붙여도 좋다.
- 스티로폼 볼을 사용하여 채색된 면봉을 꽂아 입체적으로 활용할 수 있다.

사례

지도사 역할

- 사용한 면봉을 버리지 말고 위 사례의 첫 번째 사진과 같이 재활용하여 작품을 만들 수 있다.
- 자신의 생각을 공간적으로 표현할 수 있도록 격려한다.
- 여러 가지 매체를 사용하여 인지적인 자극을 주는 것이 좋으므로 면봉과 함께 주변에서 구할 수 있는 재활용 물품을 함께 사용할 수 있도록 한다.

명화 꾸미기

목표

1. 기존 명화를 꾸미면서 자신만의 해석과 스타일을 더할 수 있다.
2. 색상, 패턴, 질감을 자유롭게 조합하며 창의적인 사고를 자극할 수 있다.

준비물

명화 도안 프린트나 이미지, 색연필이나 사인펜, 장식물 등

활동내용

1. 명화의 작품 소개 (화가, 시대적 배경, 특징 등)
   - 명화 속 인물이나 풍경이 어떤 의미를 담고 있을지 상상해 볼까요?
   - 명화의 장면과 관련된 자신의 경험 이야기하기
     예) 풍경화 → 어린 시절 뛰놀던 장소 떠올리기, 인물화 → 가족·친구 생각해보기
   - 계절이나 색채에 대한 감정 연결 (예: "이 그림을 보면 어떤 계절

이 떠오르나요?")

- 나무로 만들 수 있는 것은 어떤 것들이 있을까요?

2. 작품을 보고 느끼는 감정을 자유롭게 이야기 나누기
3. 색칠하기, 붙이기(스티커 · 잡지 오려 붙이기), 그리기 등 원하는 방법 선택(참여자별 개성과 창의성을 살릴 수 있도록 자유롭게 구성)

주의사항

- 참여자가 자유롭게 자신의 작품을 표현할 수 있도록 간섭이나 지시를 하지 않는다.

응용

- 명화의 배경을 자신의 어린 시절 모습으로 꾸며보기
- 고흐의 '별이 빛나는 밤' → 어린 시절 밤하늘을 보며 했던 생각 떠올리기
- 모네의 '수련' → 물가에서 놀던 기억 떠올리며 색칠하기

사례

지도사 역할

- 명화 속 배경, 색감, 등장인물 등을 활용해 기억을 떠올릴 수 있도록 질문하기
- 회상 활동을 통해 노인의 정체성과 삶의 의미를 강화
- 작품에 대한 평가보다 '표현 과정' 자체를 인정하고 격려
- 참여자가 스스로 생각하고 창의적으로 표현할 수 있도록 유도
- 예시 피드백

"색감이 정말 따뜻하네요! 이 그림을 보면 기분이 좋아질 것 같아요."

"이런 표현 방식은 처음 보는데 정말 멋져요!"

"이 그림을 보고 있으면 어떤 느낌이 드세요?"

제 7 장

음악지능 프로그램 I

굿거리장단

늴리리야

새타령

성주풀이

꽃타령 리듬스틱

굿거리장단

목표

1. 굿거리장단을 연주할 수 있다.
2. 장구의 기본명칭을 설명할 수 있다.

준비물

장구, 활동지

활동내용

1. 장구에 대해 알아본다.
2. 굿거리장단을 구음으로 여러 번 반복해서 연습한다.
3. 구음으로 충분히 연습한 뒤 굿거리장단을 장구로 연습한다.

주의사항

- 굿거리장단 전체를 하기 힘든 경우가 많으므로 '덩 기덕 쿵 덕'같이 어느 한 부분만을 가지고 연주활동을 해도 된다.

- 장구를 배우는 데 초점을 두기보다 새로운 것을 익히고 또 전통악기를 연주할 수 있다는 자신감을 가지게 하는 것이 중요하다는 것을 잊지 말아야 한다.
- 장단 연습이 잘 된 후에 장구와 함께하는 것이 좋다.

응용

- 민요의 간주 부분은 민요춤으로 대신하는 것이 좋다.
- 활동지를 악보로 제시하기보다 알기 쉬운 한글이나 그림으로 제시한다.

활동지

1. 채에 대한 설명
   - 왼손에 궁채(궁글채): 둥그런 머리가 달린 것
   - 오른손에 열채(가락채): 가느다란 대나무 채
2. 구음
   - 양손: **덩**
   - 오른손: **덕**
   - 왼쪽만 치면: **쿵**
   - 기덕, 덕, 더러러러: **오른손**
3. 장구는 사물 악기 중 유일하게 음양성을 낼 수 있는 악기이고 가락, 몸동작, 고갯짓 등이 어우러지며 흥을 극대화할 수 있다.

4. 자세

- 장구의 북편이 왼쪽, 채편이 오른쪽에 오도록 하여 몸 바로 앞에 장구를 놓는다. 원래는 양쪽 무릎이 장구의 북편과 채편 사이에 들어가도록 앉아야 하지만 장구가 작거나 몸이 크거나 할 때는 몸 바로 앞에 놓으면 된다.
- 장구를 칠 때는 면의 가운데를 쳐야 울림이 좋다.

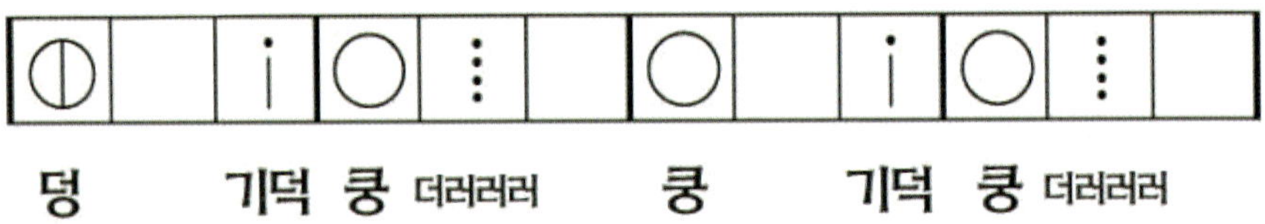

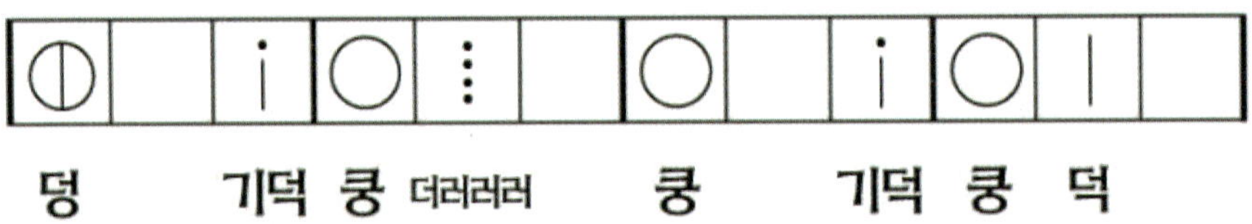

닐리리야

목표

1. 굿거리장단을 장구로 연주할 수 있다.
2. 타악기를 인지기능의 자극제로 활용할 수 있다.

준비물

장구, 닐리리야 활동지, 음원(닐리리야)

활동내용

1. 굿거리장단을 익힌다.
2. 굿거리장단을 구음으로 여러 번 반복해서 연습한다.
3. 구음으로 장단이 익숙해지면 장구로 연습한다.
4. '닐리리야'를 굿거리장단 구음으로 개사하여 불러본다.
5. 장구를 치면서 '닐리리야' 노래를 부른다.

주의사항

- '늴리리야' 노래를 먼저 불러보고 손을 이용하여 신체를 장구로 활용하여 연습한 후에 장구를 한다.
- 장구를 칠 때 너무 세게 치지 않도록 힘 조절에 대하여 설명한다.

응용

- 채치기, 민요춤 등 다양한 신체활동을 함께 한다.

활동지

굿거리장단

덩	기덕	쿵	덕
양손	오른손	왼손	오른손

늴리리야

가사	늴리리야	늴리리야	니나노 난실로	내가 돌아간다
장구	덩 기덕 쿵 덕	덩 기덕 쿵 덕	덩 기덕 쿵 덕	덩 기덕 쿵 덕
가사	늴리리리리리	늴리리야		
장구	덩 기덕 쿵 덕	덩 기덕 쿵 덕		

새타령

목표

1. 노화의 진행으로 퇴화한 인지기능에 도움을 줄 수 있다.
2. 장구의 일정한 리듬연주를 통해 감정을 조절할 수 있다.

준비물

장구, 굿거리장단(새타령) 활동지, 음원(새타령)

활동내용

1. 굿거리장단의 구음을 먼저 연습한다.
2. '새타령' 노래를 불러본다.
3. '새타령'의 가사 일부를 구음으로 연습한다.
4. 장구를 치면서 '새타령'을 부른다.

주의사항

- 장구에 익숙해질 수 있도록 지도사는 '새타령'을 노래하면서 구음과 민요가사를 자유롭게 변경하면서 노래 부를 수 있어야 한다.

- 장구를 치면서 자신감을 갖지 못하여 머뭇거리는 참여자가 있으면 지도사가 적극 격려하여 참여하게 한다.

응용

- 굿거리장단 중 한 부분만을 가지고 장구를 칠 때 단조로움을 피하기 위해 민요춤이나 오른손 넘겨 장구 치기 등 다양한 방법을 시도하는 것이 좋다.

활동지

새타령

새가	날아든다		
덩 기덕 쿵 덕	덩 기덕 쿵 덕		
온갖 잡새가	날아든다		
덩 기덕 쿵 덕	덩 기덕 쿵 덕 (오른손 왼쪽 북편으로 넘기기)		
새 중에는	봉황새		
덩 기덕 쿵 덕	덩 기덕 쿵 덕		
만수문전에	풍년새		
덩 기덕 쿵 덕	덩 기덕 쿵 덕 (오른손 왼쪽 북편으로 넘기기)		
삼교곡심	무인초	수립비조	물새들이
민요춤 (오른손 뒤집고 왼손 뒤집고 양손 뒤집기)			
농촌화답에	짝을 지어	생긋 생긋이	날아든다
민요춤 (오른손 뒤집고 왼손 뒤집고 양손 뒤집기)			
저 쑥꾹새가	울음 운다		
덩 기덕 쿵 덕	덩 기덕 쿵 덕		
울어	울어	울어	울음 운다이
민요춤 (오른손 뒤집고 왼손 뒤집고 양손 뒤집기)			
이 산으로 가면	쑥꾹 쑥꾹	저 산으로 가면	쑥쑥꾹 쑥꾹
쉬고~	덩 덩(양손)	쉬고~	덩덩덩 덩덩(양손)
아하		어히	이히
덩 기덕 쿵 덕	덩 기덕 쿵 덕	덩 기덕 쿵 덕	덩 기덕 쿵 덕
이히 이히	이히히이히히	좌우로 다녀	울음 운다
덩 기덕 쿵 덕	덩 기덕 쿵 덕	덩 기덕 쿵 덕	덩 기덕 쿵 덕

성주풀이

목표

1. 리듬과 멜로디의 패턴이 인지기능을 상승시킬 수 있다.
2. 타악기의 두드림으로 인한 신체활동을 활발하게 할 수 있다.

준비물

장구, 성주풀이 민요 활동지, 음원(성주풀이)

활동내용

1. 굿거리장단의 구음을 먼저 연습한다.
2. '성주풀이' 노래를 불러보고 구음으로 성주풀이를 개사하여 부른다.
3. '성주풀이'에 삽입되는 민요춤을 연습한다.
4. 장구를 치면서 성주풀이를 부른다.

주의사항

- '성주풀'이 민요는 참여자가 가사를 먼저 충분히 익히도록 한다.
- 성주풀이의 노래 1절만 연습하여도 충분하다. 지도사의 의욕보다 참

여자의 능력을 고려하는 것이 우선이며 참여자가 즐겁게 활동할 수 있도록 돕는다.

응용

- 장단을 연습할 때 짧게 끊어서 연습하고 연습이 충분히 된 후에 장단에 삽입할 율동이나 민요춤을 연습한 뒤 익숙해지면 장구와 함께 연습한다.

활동지

성주풀이

낙양성		십리허에	
덩 기덕 쿵 덕	덩 기덕 쿵 덕	덩 기덕 쿵 덕	덩 기덕 쿵 덕
높고낮은	저 무덤은	영웅호걸이	몇몇이며
장구 채 치기		민요춤(오른손 뒤집기)	
절세가인이	그 누구냐	우리네 인생	한번 가면
덩 기덕 쿵 덕	덩 기덕 쿵 덕	덩 기덕 쿵 덕	덩 기덕 쿵 덕
저 모양이	될터이니	에라 ~~~만	수~~~
덩 기덕 쿵 덕	덩 기덕 쿵 덕	덩 기덕 쿵 덕	덩 기덕 쿵 덕
~~ 에라	대 신 이야		
덩 기덕 쿵덕	덩 기덕 쿵 덕	덩 기덕 쿵 덕	

꽃타령 리듬스틱

목표

1. 리듬을 기억하고 연주할 수 있다.
2. 타악기를 두드림으로 인해 심리적 스트레스를 해소할 수 있다.

준비물

리듬스틱, 꽃타령 활동지, 음원(꽃타령)

활동내용

1. '꽃타령' 노래를 부른다.
   - '꽃타령' 노래에는 몇 가지의 색이 나오나요?
   - 여러분이 좋아하는 색은 무엇인가요?
   - '꽃타령'에 나오는 색을 보면서 그 색에 해당하는 꽃 이름을 찾아 볼까요?

     예) 붉은 꽃: 장미, 하얀 꽃: 백합
2. 리듬스틱만 따로 연습한다.
3. 노래를 부르면서 리듬스틱을 연주한다.

주의사항

- 색이 나올 때마다 리듬스틱을 연주하는 것이 어렵다면 지도사가 리듬스틱을 연주할 색을 지정해 주고 연주하여도 된다.
  예) 붉은 꽃, 하얀 꽃, 남색, 연분홍

응용

- 노래 가사의 특징을 살려서 리듬스틱을 연주할 수 있다(예: 사랑, 꽃 등 특정 단어에만 리듬스틱을 연주). 장단에 맞게 연습하는 것이 우선적이다.

활동지

꽃타령

꽃 사시오 꽃을 꽃을 사시오 꽃을 사

사랑 사랑 사랑 사랑 사랑 사랑의 꽃이로구나

꽃바구니 둘러메고 꽃 팔러 나왔소

붉은 꽃 파란꽃 노리고도 하얀 꽃

남색 자색 연분홍 울긋불긋 빛난 꽃

아름다운 고운 꽃

꽃 사시오 꽃을 꽃을 사시오 꽃을 사

사랑 사랑 사랑 사랑 사랑 사랑의 꽃이로구나

지도사 역할

- 리듬스틱 연주가 익숙할 수 있도록 연습한다.
- 리듬스틱을 연주하기 전에 지도사의 구령에 맞추어 한 번, 두 번, 세 번 리듬스틱을 치는 연습을 먼저 한다.
- 노래 가사의 어느 부분에 리듬스틱을 연주하는지 여러 번 반복적으로 연습한다.
- 가사에 리듬스틱 치는 부분을 알아보기 쉽게 표시해 준다.
- 가사에 색깔에 대한 표현이 여러 번 나오므로 색에 관한 이야기를 나눈다.
- 색이 나올 때마다 리듬스틱을 치는 규칙을 정하면 노래를 부르면서 리듬스틱을 연주하는 것이 조금 더 쉬워진다.

제 8 장

음악지능 프로그램 II

님과 함께

에델바이스

소고 탈춤놀이

군밤타령

퐁당퐁당

님과 함께

목표

1. 음악에 맞추어서 리듬악기를 연주할 수 있다.
2. 연주활동을 통해 리듬에 대한 기억력을 향상을 할 수 있다.

준비물

리듬악기(큰북, 작은북, 탬버린), 악보, 음원(님과 함께-남진)

활동내용

1. '님과 함께' 가사를 한 절씩 읽어 본다.
2. 가사에 대한 이야기를 나눈다.
   - 현재 주변에 자신이 '님'이라고 생각하는 사람은 누구인가요?
   - 현재 '님'이라고 생각이 드는 사람 이름을 이구동성으로 한번 외쳐볼까요?
   - 가수 남진에 대해서 이야기 나누어 볼까요?, 남진은 이 노래 말고 어떤 노래를 유행시켰나요?

3. '님과 함께' 노래를 손뼉을 치면서 불러본다.
4. 악기를 나누어 주고 악기소리와 연주법에 대하여 탐색하는 시간을 갖는다.
5. 악기를 개별적으로 연습해 보고 익숙해지면 함께 연주한다.

주의사항

- 악기연주에만 관심을 두기보다 음악 자체를 즐기면서 연주할 수 있도록 한다.
- 악기는 주변에서 구하기 쉽고 참여자가 잘 다룰 수 있는 악기를 선정하는 것이 좋으며 악기를 구하기 어렵다면 손뼉을 활동지에 맞추어서 치는 것도 좋다.

응용

- 악기는 어떤 것을 사용하여도 좋다(탬버린, 캐스터네츠, 우드블록 등).
- 북이 없을 경우 탬버린을 북 대신 사용해도 좋은데 바닥에 천을 깔고 채로 탬버린의 면을 치거나 손바닥으로 탬버린을 친다.
- 팀원 중에서 자신감이 있는 사람에게 지휘자의 역할을 주어 지도사의 지휘 없이 팀원들이 스스로 연주할 수 있는 기회를 준다.

사례

저 푸른 초원 위에 그림 같은 집을 짓고 사랑하는 우리 님과 한 백 년 살고 싶어

봄이면 씨앗 뿌려 여름이면 꽃이 피네 가을이면 풍년되어 겨울이면 행복하네

멋쟁이 높은 빌딩 으스대지만

유행 따라 사는 것도 제멋이지만

반딧불 초가집도 님과 함께면

나는 좋아 나는 좋아 님과 함께면

님과 함께 같이 산다면

지도사 역할

- 악기연주를 통해 자신의 감정을 표현할 수 있도록 한다.
- 여러 사람이 함께 활동하는 것에 대한 즐거움을 가질 수 있도록 지도하여 노년기에 줄어드는 사회성을 향상시킬 수 있도록 한다.
- 악기연주는 가사와 리듬을 동시에 이해하고 이에 맞게 활동을 해야 하므로 인지향상의 여러 과정을 거치게 된다. 그러므로 반복하여 연습하는 것이 좋다.

에델바이스

목표

1. 음악에 맞추어서 핸드벨을 연주할 수 있다.
2. 에델바이스를 영어로 노래 부를 수 있다.

준비물

핸드벨, 악보, 음원(에델바이스)

활동내용

1. 에델바이스 꽃말을 설명하고 꽃 사진을 보여준다.
2. 에델바이스 번역된 가사를 읽어보고 영어로 된 가사도 읽어본다.
3. 노래를 반복해서 부르면서 익힌다. 이때 영어로 된 가사를 전체로 부르기 어렵다면 부분적으로만 영어를 쓰도록 한다.
4. 연주하기 전에 지도사는 핸드벨의 색깔에 대해서 충분히 익힐 수 있도록 한다.
5. 핸드벨 연주가 익숙해지면 노래를 부르면서 핸드벨을 연주한다.

주의사항

- 2박자 이상 되는 가사는 단조로움을 피하기 위해 핸드벨을 흔들어 준다.
- 여러 사람이 함께 연주할 경우 지도사가 박자를 놓치지 않도록 해당하는 음의 핸드벨을 가지고 있는 사람에게 지시를 해준다.
- 핸드벨은 색상이 있는 핸드벨로 선택하는 것이 좋다.

응용

- 영어로 읽기가 어려운 경우 한글로 영어발음을 써준다. 영어를 알기 위한 활동이 아니라 자존감을 높이기 위한 활동이므로 참여자의 수준에 맞추어서 활동하는 것이 좋다.
- 핸드벨 대신 공명 실로폰을 이용하여도 된다.

지도사 역할

- 영어로 노래를 할 수 있다는 자신감을 가지게 하는 것이 중요하므로 영어 가사를 충분히 익히고 활동한다.
- 핸드벨 연주는 혼자서 하는 것이 아니므로 서로 상호작용하며 사회성을 기르기 위한 활동이 될 수 있도록 하는 것이 좋고 팀원 중에서 핸드벨 연주에 서툰 사람이 있어도 지도사는 격려하여 함께 연주할 수 있도록 한다.
- 핸드벨을 연주할 때 자신의 차례를 놓치지 않도록 지도사가 미리 신

호를 해준다.

- 악보를 기억하고 연주 활동하는 것은 인지활동에 도움이 되는 활동임을 팀원들이 인식할 수 있도록 활동 전에 활동의 효과에 대해 설명한다.

사례

에델바이스(Edelweiss)	한국 가사
Edelweiss, Edelweiss 에델바이스, 에델바이스	에델바이스 에델바이스
Every morning you greet me 에브리 모닝 유 그릿 미	아침 이슬에 젖어
Small and white, clean and bright 스몰 앤 화이트, 클린 앤 브라이트	
You look happy to meet me 유 룩 해피 투 밋 미	귀여운 미소는 나를 반겨주네
Blossom of snow may you bloom and grow 블라썸 오브 스노우 메이 유 블룸 앤 그로우	눈처럼 빛나는 순결은 우리들의 자랑
Bloom and grow forever 블룸 앤 그로우 포에버	
Edelweiss, Edelweiss 에델바이스, 에델바이스	에델바이스 에델바이스
Bless my homeland forever 블레스 마이 홈랜드 포에버	마음속의 꽃이여

에델바이스 핸드벨 악보

에델바이스 에델바이스 아침 이슬에 젖어

귀여운 미소는 나를 반겨주네

눈처럼 빛나는 순결은 우리들의 자랑

에델바이스 에델바이스 마음속의 꽃이여

소고 탈춤놀이

목표

1. 음악에 맞추어서 소고를 연주할 수 있다.
2. 소고 연주를 통해 집중력과 기억력을 향상시킨다.

준비물

소고, 악보, 음원(탈춤놀이-국악동요), 탈춤놀이 활동지

활동내용

1. 탈춤놀이의 유래에 대해서 알아본다.
   - 탈춤을 직접 구경해 본 적이 있나요?
   - 탈춤을 보면서 어떤 느낌이 들었는지 이야기해 볼까요?
   - 탈춤의 유래에 대해 알려준다.
2. 소고 잡는 법과 소고치는 법을 알려준다.
3. '탈춤놀이' 노래에 맞추어 소고를 연습해 본다.
4. '탈춤놀이'에 맞추어 소고를 연주한다.

주의사항

- 소고를 칠 때 박자를 너무 잘게 쪼개서 연주하지 않도록 한다.
- 한 곡당 4개 정도의 소고 치는 법이 들어가면 적당하고 후렴 부분은 지도사의 인도에 따라 소고를 연주하도록 한다.

응용

- '탈춤판을 벌여보자 탈춤놀이 재미있다' 부분은 두 팀으로 나누어서 대화형식으로 마주 보고 주고받는 형식으로 진행한다.
- 소고 연주를 돌림노래 형식으로 연주하여도 좋다.
- 연주가 익숙해지면 탈춤 추기 활동을 하는 것도 효과적이다.

활동지

탈춤놀이

구분	내용
가사	미운 얼굴 고운 얼굴 탈 하나에 가려두고
활동	테2번 오른팔 위로-반복 테 2번 왼팔 위로-반복
가사	어른 아이 한데 어울려 탈춤놀이 하여보자
활동	테2번 오른팔 위로-반복 테 2번 왼팔 위로-반복
가사	탈춤판을 벌려보자 (탈춤판을 벌려보자)
활동	앞면 뒷면 테 앞면 뒷면 테
가사	탈춤놀이 재미있다 (탈출놀이 재미있다)

활동	앞면 뒷면 테 앞면 뒷면 테
가사	신명나게 풀어놓는 탈춤놀이 한마당~~~~
활동	앞면 뒷면 테 앞면 뒷면 테 앞면 뒷면 테 앞면 뒷면 테
가사	우리 가락 좋을씨고 (우리 장단 좋을씨고)
활동	테2번 오른팔 위로 테 2번 왼팔 위로
가사	우리 장단 좋을씨고 (우리 장단 좋을씨고)
활동	테2번 오른팔 위로 테 2번 왼팔 위로
가사	신명나게 풀어놓는 탈춤놀이 한마당~~~
활동	앞면 뒷면 테 앞면 뒷면 테 앞면 뒷면 테 앞면 뒷면 테
가사	탈춤놀이
활동	앞면 2번

지도사 역할

- 탈춤놀이의 흥겨운 음악을 통해 내면에 있는 스트레스를 해소한다.
- 자기표현의 효과적인 도구로 활용할 수 있도록 한다.
- 탈춤에 관한 과거의 회상을 이끌어 낼 수 있도록 한다.
- 악기를 연주하고 노래 부르는 활동으로 음악적 감각과 기억력을 향상시킨다.

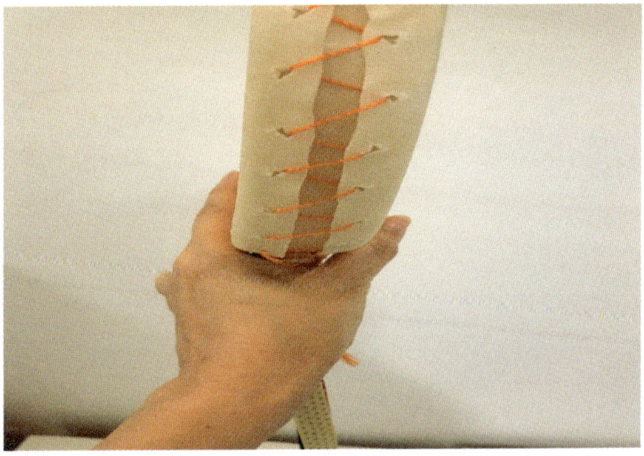

소고 잡는 법

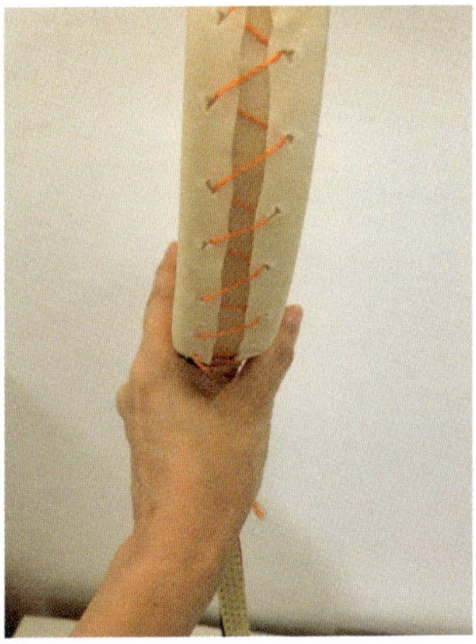

북면

테

군밤타령

목표

1. 음악에 맞추어서 소고를 연주할 수 있다.
2. 노래 가사에 맞추어 소고를 연주하는 활동이 기억력을 향상시킬 수 있다.

준비물

소고, 악보, 음원(군밤타령), 군밤타령 활동지

활동내용

1. '군밤타령' 가사에 관한 이야기를 나눈다.
   - 군밤은 어느 계절에 음식인가요?
   - 군밤에 관한 추억이 있나요?
   - 밤꽃은 무슨 색인가요?
2. '군밤타령' 노래를 손유희와 함께 불러본다.
3. '군밤타령'에 맞추어 소고를 익힌다.
4. 노래를 부르면서 소고를 친다.

주의사항

- 연주 활동 시 복잡하거나 따라 하기 힘들지 않도록 구성한다.
- 참여자가 잘 알고 있는 곡을 선정하여 곡에 대한 친숙함을 먼저 가지도록 한다.

응용

- 소고 연주와 민요춤을 함께 사용하면 더욱 흥을 돋울 수 있다.
- 소고 연주를 돌림노래 형식으로 연주하여도 좋다.

활동지

군밤타령

가사	바람이	분다	바람이	불어
활동	앞 뒷면	테	앞 뒷면	테
가사	연평	바다에	어얼싸	봄바람 분다
활동	앞면 2	오른손 들고	앞면 2	오른손 들고
가사	얼~싸 좋네	아 좋네	군밤이여	에헤히
활동	앞면 2	테	앞면 2	테
소고	생율 밤이로	구나		
활동	앞면	앞면		

지도사 역할

- 가사를 중심으로 밤에 대한 추억을 회상을 할 수 있도록 한다.
- 회상을 통한 음악활동이 참여자에게 안정감을 주고 의사소통의 기회를 제공하며 자기표현을 할 수 있도록 한다.
- 참여자가 잘 아는 간단한 곡이므로 가사를 외워 음악활동에 참여하도록 한다.

퐁당퐁당

목표

1. 음악에 맞추어서 컵을 연주할 수 있다.
2. 주의력과 집중력을 길러주고 암기력에 도움을 줄 수 있다.

준비물

컵타 컵, 악보, 음원(퐁당퐁당), 퐁당퐁당 활동지

활동내용

1. '퐁당퐁당' 노래와 관련하여 어린 시절을 회상할 수 있도록 이야기 나눈다.
    - '퐁당퐁당' 노래 부를 때 어떤 손동작을 했는지 기억하시나요?
    - 냇가에서 어떻게 친구들과 놀았는지 이야기해 보실까요?
    - 집 근처의 냇가는 어디쯤 있었는지 생각해 보실까요?
2. 손동작을 하면서 '퐁당퐁당' 노래를 부른다.
3. 컵타의 악보를 제시한다.
4. 제시된 악보에 따라 연주한다.

5. 노래를 부르면서 컵타를 연주한다.

주의사항

- 컵타의 연주를 구상할 때 바닥을 치는 부분이 많으면 소리가 오히려 시끄럽게 들리고 음악이 잘 들리지 않을 수 있으므로 연주법에 대한 주의를 기울인다.

응용

- 컵타의 기본동작을 중심으로 응용하여 연주법을 구상하면 되는데 쉽게 따라 할 수 있는 동작과 반복적인 동작이 포함되도록 한다.

활동지

퐁당퐁당

가사	퐁당	퐁당	돌을	던지자	누나	몰래	돌을	던지자
활동	양책2	옆면2	윗면	윗면	양책2	옆면2	윗면	윗면
가사	냇	물아	퍼	져라	멀리	멀리	퍼져	라
활동	양책2	앞으로	양책2	앞으로	반 복			
가사	건너	편에	앉아	서	나물	을	씻	는
활동	양책2	옆면2	윗면3		양책2	옆면2	윗면3	
가사	우리	누나	손	등을	간질여 주어라			
활동	양책2	옆면2	윗면	윗면	양손 번갈아 잘게 치기			

지도사 역할

- 타악기 연주활동은 소근육을 움직여 일상생활 수행능력을 향상시킬 수 있기 때문에 여러 가지 노래에 적용하여 연주하도록 한다.
- 청각적, 촉각적 기능을 향상시킬 수 있기 때문에 다양한 방법으로 구상하도록 한다.
- 선율과 리듬에 대해서 이해할 수 있도록 지도한다.

사례

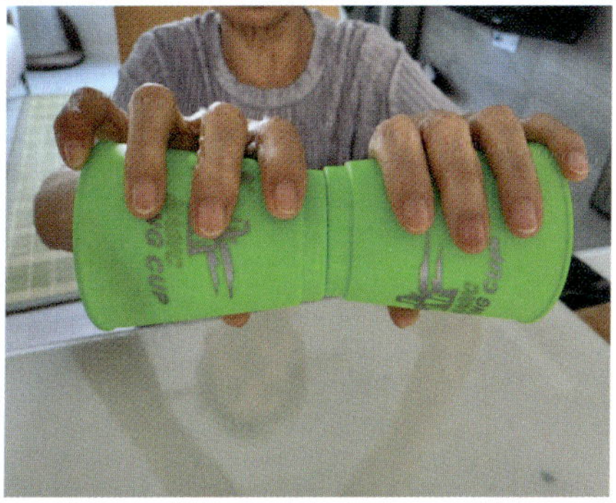

윗면

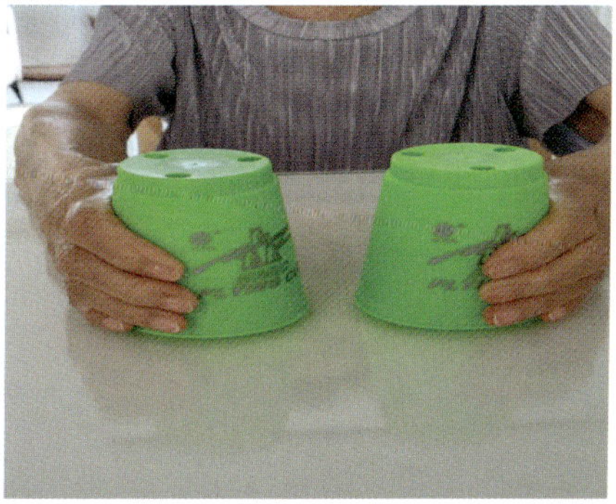

양책

오윈면

옆면

제 9 장

음악지능 프로그램 Ⅲ

내 나이가 어때서

옹달샘

달달거리

서울의 찬가

아리랑

내 나이가 어때서

목표

1. 음악에 맞추어서 컵으로 연주할 수 있다.
2. 연주활동을 통해 음악지능을 향상시킬 수 있다.

준비물

컵, 악보, 음원(내 나이가 어때서), 내 나이가 어때서 활동지

활동내용

1. '내 나이가 어때서' 노래를 불러보고 노래에 맞는 율동도 함께 한다.
2. 컵타 장단만 연습한다.
3. '내 나이가 어때서' 노래에 맞추어 컵을 연주한다.
4. 노래에 맞추어 컵타를 연주한다.

주의사항

- 컵타를 위한 노래를 선정할 때는 참여자들이 선호하고 잘 따라 부르는 노래로 선정한다.

응용

- 컵타만 치는 것보다 다양한 손동작이나 전체 발동작을 함께 구상하는 것이 단조로움을 피할 수 있고 더욱 흥미를 불러일으킬 수 있다.

활동지

내 나이가 어때서

가사	야	야	야	야	내 나이가	어때	서	
활동	옆면2	양책2	들고	내리고	옆면2	양책2	들고	내리고
가사	사랑에	나이가	있나요					
활동	옆면2	양책2	들고	내리고	옆면2	양책2	들고	내리고
가사	느낌도	하나	요		마음은	하나	요	
활동	오왼면	왼오면	하트		오왼면	왼오면	하트	
가사	그대만이	정말	내사랑					
활동	오왼면	왼오면	하트		오왼면	왼오면	하트	
가사	눈물이	나네요	요		내 나이가	어때	서	
활동	오왼면	왼오면	하트		오왼면	왼오면	하트	
가사	사랑하기		딱좋은	나인데				
활동	옆면2	양책2	들고	내리고	옆면2	양책2	들고	내리고
가사	어느날		우연히		거울 속에		비춰진	
활동	옆면2	양책2	들고	내리고	옆면2	양책2	들고	내리고
가사	내 모습을		바라보면서		세월아 비켜		라	
활동	오왼면	왼오면	하트2		오왼면	왼오면	양책3	
가사	내 나이가	어때	서		사랑하기		딱좋은	나인데
활동	오왼면	왼오면	양책2		옆면2	양책2	들고	내리고

지도사 역할

- 타악기는 음악의 형식에 구애받지 않고 자유롭게 표현할 수 있는 장점이 있기 때문에 적극적인 신체활동으로 엔도르핀을 상승시킬 수 있도록 한다.
- 빠름과 느림 혹은 강약의 조절을 할 수 있도록 하여 자신의 신체와 감정의 조절도 할 수 있도록 한다.
- 악보를 기억하고 손을 움직이며 동시에 노래를 부르기 때문에 여러 가지를 한꺼번에 수행해야 하므로 인지향상에 도움을 준다.

옹달샘

목표

1. 동요에 맞추어서 장구를 연주할 수 있다.
2. 동요와 국악기를 활용하여 창의성을 기를 수 있다.

준비물

장구, 악보, 음원(옹달샘), 옹달샘 활동지

활동내용

1. '옹달샘' 가사에 관한 이야기를 나눈다.
   - 옹달샘은 어떤 종류의 샘인가요?
   - 옹달샘에서 토끼는 왜 물만 마시고 갔는지 생각해 볼까요?
2. '옹달샘' 노래를 부른다.
3. 옹달샘 리듬을 장구로 연습한다.
4. '옹달샘' 노래를 부르면서 장구를 친다.

주의사항

- '옹달샘' 노래 가사를 충분히 익히고 장구를 연습한다.

응용

- 의성어나 의태어가 들어가는 노래나 동요를 선정하여 의성어나 의태어의 가사 부분에 창의적인 장단이나 동작을 넣으면 된다.

활동지

옹달샘

가사	옹	옹	옹달샘	누가 와서	먹나요			
활동	덩	덩	덩	덩	덩			
가사	옹	옹	옹달샘	누가 와서	먹나요			
활동	덩	덩	덩	덩	덩			
가사	옹	옹	옹달샘	우리 함께	먹어요			
활동	덩	덩	덩	다 같이 소리친다				
가사	깊은	산속	옹달	샘	누가 와서	먹나	요	
활동	덩	기덕	쿵	덕	덩	기덕	쿵	덕

가사	맑고	맑은	옹달샘		누가 와서	먹나	요	
활동	덩	기덕	쿵	덕	덩	기덕	쿵	덕
가사	새벽에	토끼가	눈 비비고	일어나	맑고 맑은	옹달샘	누가 와서	먹나요
활동	덩	덩덩	덩	덩덩	덩	덩덩	덩	덩덩
가사	옹	옹	옹달샘	누가 와서	먹나요			
활동	덩	덩	덩	덩	덩			
가사	옹	옹	옹달샘	누가 와서	먹나요			
활동	덩	덩	덩	덩	덩~~~~~			

지도사 역할

- 옹달샘을 주제로 여러 가지 이야기를 나누어 회상할 수 있도록 한다.
- 가사에 맞게 장구를 연주함으로 인해 주의집중력을 높일 수 있다.
- 가사의 내용과 리듬을 인지할 수 있도록 여러 번 반복하여 연습한다.

달달거리

목표

1. 주의집중력을 기르고 가사와 리듬을 분리하여 연주할 수 있다.
2. 시각운동 협응능력을 강화하여 현실인지 능력을 높인다.

준비물

장구, 활동지, 음원(달 달 무슨 달)

활동내용

1. 달은 어떻게 변화되는지 이야기 나눈다.
   - 초승달은 어떤 모양인가요?
   - 달은 어떻게 변화하는지 알아볼까요?
   - 달에는 정말 토끼가 살까요?
   - 꽃게는 어느 달이 떠 있을 때 사면 좋을까요? 그 이유는 무엇일까요?

2. '달 달 무슨 달' 노래를 부르고 가사를 읽어 본다.
3. 별달거리 유래에 대해 설명한다.
4. 별달거리 장단을 연습한다.
5. 가사를 부르고 난 후 장단을 연주하는 형식으로 연습한다.

주의사항

- 가사를 읽을 때 리듬에 맞추어 읽을 수 있도록 한다.
- 장단을 먼저 충분히 연습하고 가사를 연습하는 형식으로 각각 분리하여 실시한다.
- 별달거리 장단을 전부 연습하기 힘들다면 반으로 나누어서 반복하여 실시하여도 좋다.

응용

- 동요나 혹은 참여자들이 함께하고 싶은 내용의 가사를 써서 개사하여 부르는 것도 좋다. 참여자들이 스스로 가사를 써보게 하는 것은 동기유발에 효과적이다.
- 노래 가사를 메기고 받는 형식으로 진행하여 상호작용할 수 있도록 할 수 있다.
- 마지막 가사 '우리 얼굴 비추지' 부분은 천천히 읽으면서 끝을 올려서 말하도록 한다.

활동지

달 달 무슨 달

덩덩	쿵덕	쿵	쿵덕	쿵덕	쿵덕	쿵	
양양	왼오	왼	왼오	왼오	왼오	왼	
쿵덕	쿵	쿵덕	쿵	쿵덕	쿵덕	쿵덕	쿵
왼오	왼	왼오	왼	왼오	왼오	왼오	왼

구분	내용
가사	달 달 무슨달 쟁반같이 둥근달
활동	덩덩 쿵덕 쿵 쿵덕 쿵덕 쿵덕 쿵
가사	어디 어디 떴나 남산 위에 떴지
활동	덩덩 쿵덕 쿵 쿵덕 쿵덕 쿵덕 쿵
가사	달달 무슨 달 낮과 같이 밝은 달
활동	덩덩 쿵덕 쿵 쿵덕 쿵덕 쿵덕 쿵
가사	어디 어디 비추나 우리 동네 비추지
활동	덩덩 쿵덕 쿵 쿵덕 쿵덕 쿵덕 쿵
가사	달달 무슨달 쟁반같이 둥근달 무엇무엇 비추나 우리 얼굴 비추지↗
활동	양손 두드림~~~~~~~~

지도사 역할

- 제시된 박자와 리듬을 기억하고 주의집중력을 기를 수 있으므로 노래와 리듬의 조화로운 활동이 되도록 한다.
- 가사를 읽을 때 책을 읽는 듯이 하지 말고 리듬을 가지고 읽을 수 있도록 한다.
- 달에 대한 회상과 함께 달의 변화를 기억할 수 있도록 달의 사진을 제공하여 보여준다.
- 달에 대한 추억을 이야기하고 또 현재 달에 대한 생각을 표현함으로 인해 과거의 기억과 현재의 기억을 연결하게 되어 인지향상에 도움을 줄 수 있다.

서울의 찬가

목표

1. 주의집중력을 기르고 소근육 운동량을 늘린다.
2. 손뼉치기를 통해 리듬을 익힌다.

준비물

서울의 찬가 활동지, 음원(서울의 찬가)

활동내용

1. 건강박수를 친다(간단한 동요나 부르기 쉬운 것을 선정한다).
2. 도시에 관한 이야기를 나눈다.
    - 지금 우리가 살고 있는 도시는 어디인가요?
    - 각 도시의 특산물을 알고 있는 대로 이야기해 볼까요?
    - 우리 도시의 자랑은 무엇인가요?
3. '서울의 찬가'를 노래한다.
4. 활동지에 지시한 대로 손뼉치기 연습을 한다.
5. 리듬에 맞추어 손뼉을 치면서 노래한다.

주의사항

- 손뼉을 치는 부분을 정확히 알 수 있도록 연습한다.

응용

- 손뼉치기 대신에 탬버린, 손목 방울, 캐스터네츠 등 악기를 사용하여 노래할 수 있다.

활동지

서울의 찬가

종이 울리네		꽃이 피네		새들의 노래		웃는 그 얼굴	
	짝짝		짝짝		짝짝		짝짝
그리워	라	내 사랑	아	내 곁을	떠나지	마	오
짝	짝	짝	짝	짝			짝짝
처음 만나고 사랑을 맺은				정다운 거리 마음의 거리			
양손 좌우로 흔들기				양손 좌우로 흔들기			
아름다운 서울에				서울에서 살렵니다			
손뼉 치고 반짝반짝				손뼉 치고 반짝반짝			

지도사 역할

- 음색과 조성의 변화를 인식하게 한다.
- 노래가 한 소절 끝나면 빠르게 박수를 쳐서 다음 박자를 놓치지 않도록 한다. 그로 인해 참여자들이 순발력이 생기는 효과가 있다는 것을 알려준다.

아리랑

목표

1. 악기연주를 통해 자신의 감정을 표현해 낼 수 있다.
2. '아리랑' 노래에 맞추어 장구를 연주할 수 있다.

준비물

장구, 아리랑 활동지, 음원(아리랑)

활동내용

1. 세마치장단을 익힌다.
2. 장구로 장단을 칠 때 어떤 효과가 있는지 설명한다.
   - 리듬의 조절이 참여자의 감정조절에도 도움을 준다.
   - 장구도 타악기이므로 스트레스에 효과적이다.
   - 소근육 발달에 도움을 준다.
   - 장단을 외우기 때문에 인지기능에 도움을 준다.

3. 구음으로 세마치장단을 연습해 본다.
4. 아리랑을 세마치장단 구음으로 개사하여 불러본다.
5. 장구를 치면서 '아리랑' 노래를 부른다.

주의사항

- 세마치장단은 '덕 쿵 덕' 구음이 나올 때 잘 따라 하지 못할 수 있으므로 오른손과 왼손의 개념으로 지도하고 '덩 덩'은 '덕쿵덕'과 다른 박자임을 미리 말해준다.
- 지도사가 세마치장단을 아리랑에 맞추어 구음으로 노래할 수 있어야 한다.

응용

- 민요춤은 어느 부분에 넣어도 상관이 없으므로 지도사가 참여자의 인지능력 수준에 맞게 민요춤을 넣으면 된다.

활동지

덩			덩		덕	쿵	덕	
○			○		ㅣ	○	ㅣ	

아리랑

가사	아리랑 아리랑 아라리요~~~~~
활동	덩 덩 덕쿵덕 덩 덩 덕쿵덕 덩 덩 덕쿵덕 덩 덩 덕쿵덕
가사	아리랑 고개를 넘어간다
활동	민요춤(오른손 뒤집기)
가사	나를 버리고 가신 님은
활동	덩 덩 덕쿵덕 덩 덩 덕쿵덕 덩 덩 덕쿵덕 덩 덩 덕쿵덕
가사	십 리도 못 가서 발병 난다
활동	양손채치기 양손채치기 덩 덩

제 10 장

신체운동지능 프로그램

라인댄스

목표

1. 신체 에너지를 활성화시킬 수 있다.
2. 관절 움직임을 유연하게 할 수 있으며 동작을 기억할 수 있다.

준비물

음원(장윤정-사랑아)

활동내용

1. 라인댄스 전에 간단한 스트레칭 운동을 한다.
2. 라인댄스의 기본동작 터치스텝, 퀵스텝을 응용한다.
3. 음악에 맞추어서 라인댄스 동작을 한다.

주의사항

- 라인댄스 전 · 후에는 반드시 준비운동이나 스트레칭을 한다.
- 라인댄스는 걷는 운동의 일종이므로 너무 무리가 가지 않도록 하고 곡의 1절만 먼저 리듬에 맞추어 동작을 한 후 익숙해지면 2절까지

동작을 한다.

- 모든 동작은 오른쪽부터 시작한다는 것을 먼저 알려준다.
- 몸의 방향이 전체적으로 돌아가는 동작이므로 활동 중에 몸이 돌아가는 방향을 지도사가 손으로 방향을 제시해 준다.

응용

- 간주 부분은 자유롭게 춤을 출 수 있도록 한다.
- 손뼉을 치는 동작에서 손뼉 대신에 팔을 90도로 접었다 폈다 할 수 있다.

사례

- 터치스텝(4박자에서 박수)

  앞으로 전진: 오른발 왼발 오른발 왼발 터치

  뒤로 후진: 왼발 오른발 왼발 오른발 터치

  이 동작은 두 번 반복한다.
- 퀵스텝(2박자에서 박자)

  오른발 사이드 왼발 터치, 왼발 사이드 오른발 터치-2번 반복
- 4박자 동안 오른쪽으로 천천히 돌기
- 방향이 90도로 바뀌었을 때 온몸 흔들기(4박자)

지도사 역할

- 몸에 무리를 주지 않으면서 운동 효과를 높일 수 있도록 한다.
- 여러 명이 함께하는 신체활동이므로 사회성을 기를 수 있도록 두 팀으로 나누어 마주 보고 시작하여도 좋다.
- 몸으로 정서를 표현하도록 한다.
- 신체동작을 기억하고 몸을 움직이는 동작으로 신체인지능력을 향상시킬 수 있다.
- 이 동작은 오른쪽으로 계속 돌면서 움직이는 동작이다.

몸으로 전달해요

목표

1. 신체감각을 높이고 비언어적인 소통을 할 수 있다.
2. 신체 소근육 운동효과를 높일 수 있고 신체를 움직이는 인지능력을 향상시킬 수 있다.

준비물

모양 카드, 종이 색접시(빨간색, 파란색, 노란색, 초록색, 보라색)

활동내용

1. 몸으로 말해요 활동 전에 아이스브레이킹 활동을 한다.
   - 종이 접시를 준비하고 활동한다.
   - 빨간색: 오른손, 파란색: 왼손, 노란색: 양손, 초록색: 반짝반짝, 보라색: 반짝반짝하면서 고개 흔들기
   - 지도사가 색접시를 보여주면 규칙에 맞게 손을 들도록 하는 놀이이다.
   - 지도사: 파란색을 들면 오른손을 들고 초록색을 들면 반짝반짝

2. 신체활동에 대해 설명한다.

- 두 사람씩 짝을 짓는다. 한 사람은 등을 보이고 서고 다른 사람은 지도사가 보여주는 카드의 모양이나 글자를 본 후 등을 대고 있는 사람의 등에 자신이 본 것을 쓰고 그것을 알아맞히는 신체놀이이다.

3. 신체놀이 할 때 신체에 어떤 감각이 느껴졌는지 혹은 놀이를 할 때의 느낌은 어떠하였는지 이야기 나눈다.

- 등에 느껴지는 느낌은 어떠하였는지 말해 볼까요?
- 상대방이 내가 의도한 글자를 알아맞히지 못했을 때 어떤 감정이 들었나요?

주의사항

- 복잡한 모양이나 글자는 하지 않는다.
- 놀이 중에 상대방이 자신의 의도를 몰라 엉뚱하게 대답을 한다고 비난하지 않도록 미리 말해둔다.

응용

- 두 사람씩 짝을 지어서 활동해도 좋고 여러 사람이 등을 보이고 서서 전달하기를 해도 좋다.
- 숫자로 활동할 수 있다. 예를 들어 첫 번째 사람이 3의 글자를 등에 썼다면 다음 사람은 3과 자신이 써야 하는 숫자를 더해서 쓰는 것으

로 계속하여 앞사람의 숫자를 기억하고 써나가는 활동이다(3, 3-2, 3-2-5, 3-2-5-7).

사례

바다	산	마음	가족

손으로 탁구해요

목표

1. 손과 눈의 협응능력이 좋아지며 신체움직임을 활성화시킬 수 있다.
2. 섬세한 운동능력을 향상시킬 수 있다.

준비물

탁구공, 종이컵, 탁구네트

활동내용

1. 탁구에 관한 이야기를 나눈다.
    - 탁구선수 중에서 생각나는 사람이 있나요?
    - 탁구는 몇 사람이 할 수 있는 운동일까요?
2. 신체활동에 대해 설명한다.
    - 탁자 중간에 네트를 세운다.
    - 한 사람이 네트를 중심으로 공을 튕기는데 이때 상대방의 사람은 종이컵으로 공을 받고 다시 상대에게 공을 튕겨 주는 놀이이다. 탁구와 유사하다. 탁구는 라켓으로 공을 받아치는 경기인데 이

놀이는 받아치는 것이 아니라 종이컵을 이용하여 공을 받고 다시 공을 상대방에게 던지는 놀이이다.

- 각각 5회나 10회를 진행하고 많이 공을 받은 사람이 이기는 놀이이다.

3. 양쪽의 위치를 바꾸어서 놀이를 한 번 더 한다.

주의사항

- 탁구공 놀이의 정확한 규칙을 정한다.
- 탁구공 놀이를 할 때 사용하는 컵은 되도록 큰 종이컵을 사용하고 종이컵 밑에 화장 솜이나 휴지 등을 깔아서 공이 튕겨 나오지 않도록 한다.

응용

- 두 사람 혹은 네 사람이 함께 놀이할 수 있다.
- 네트가 없다면 책상에 종이테이프를 붙여서 경계를 설정할 수 있다.
- 공을 한번 튕겨서 종이컵으로 받을 수도 있고 두 번이나 세 번 튕겨서 공을 받을 수도 있다.

사례

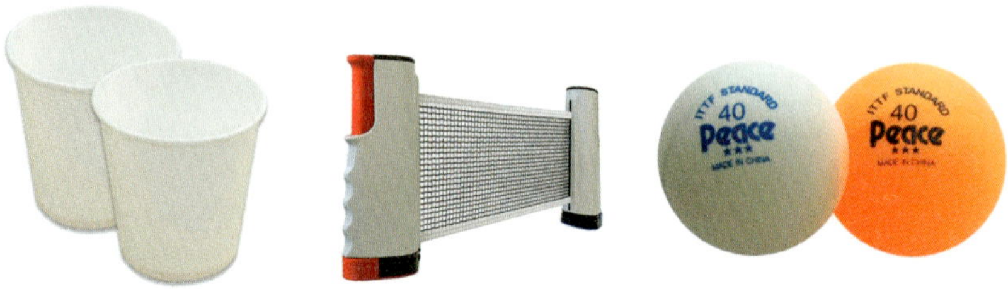

지도사 역할

- 민첩성과 순발력이 필요한 운동이므로 작은 공간 내에서 최대한의 집중력을 가지고 놀이를 하도록 한다.
- 공을 어떻게 종이컵에 담아야 할지 순간적인 판단력이 필요하므로 기능의 쇠퇴로 판단력이 떨어지는 참여자들에게 좋은 운동이므로 여러 가지 방법으로 시도하여 반복하여 실시한다.
- 놀이를 통해 지구력을 배우고 또한 신체 활동에 대한 의지도 함께 가질 수 있도록 한다.

함께 춤을 추어요

목표

1. 유산소 운동을 할 수 있다.
2. 운동 부족으로 인한 뇌의 노화를 막을 수 있다.

준비물

풍선, 양면테이프, 막대

활동내용

1. 풍선에 관한 이야기를 나눈다.
   - 풍선의 종류에 대해서 보여준다.
   - 풍선 하면 어떤 느낌이 떠오르는지 이야기해 볼까요?
   - 풍선을 만질 때의 느낌을 이야기해 볼까요?
2. 풍선의 색깔이 다양한 것으로 지도사가 미리 준비한다.
3. 풍선에 꼭지 부분에 양면테이프를 붙이고 엉덩이와 허리 부분에 붙여서 노래가 시작되면 풍선을 떨어뜨리는 놀이이다.
4. 풍선이 가장 많이 남아 있는 사람이 이기는 놀이이다.

주의사항

- 풍선은 바람을 적당히 넣어서 터지지 않도록 주의한다.
- 풍선이 터져서 놀랄 수 있는 참여자들이라면 풍선 대신 원형 스티로폼을 사용해도 된다.

응용

- 몸에 부착한 물건을 서로 떼어내는 놀이를 한다. 일정한 거리를 두고 백업스티로폼 막대를 사용하여 상대방의 몸에 붙은 물건을 떼어내는 놀이로 활용할 수 있다.

사례

지도사 역할

- 춤은 뇌 기능 개선에 좋은 운동이며 유산소 운동에도 좋은 효과가 있으므로 시작 전에 함께 노래를 부르면서 춤을 출 수 있게 한다.
- 춤은 전신 근육을 골고루 발달시킬 수 있는 장점이 있으므로 참여자들의 분위기와 에너지를 향상시킬 수 있도록 한다.
- 상대방의 몸에서 물건을 떨어뜨리기 위해서 사용하는 막대는 딱딱하지 않은 물건으로 고르는 것이 좋다.

기체조

목표

1. 전신의 기운을 활성화할 수 있다.
2. 몸의 좌우균형을 맞춰 줄 수 있다.

준비물

음원(꽃물)

활동내용

1. 전신의 순환을 돕기 위해 온몸 두드리기를 한다.
2. 기체조를 위한 동작을 설명한다.
3. 음악과 함께 기체조를 한다.

주의사항

- 기체조는 한 동작씩 반복해서 하고 무리가 가지 않도록 진행한다. 다른 체조들과 마찬가지로 시작하기 전에 몸 두드리기 동작이나 준비체조를 한다.

- 여러 가지 동작을 한꺼번에 구성하지 말고 신체의 한 부위를 중심으로 동작을 구성하는 것이 좋다.
- 팔을 벌린 채 동작하기가 힘들다면 양팔을 몸에 붙인 채로 원형을 그리면서 동작한다.

응용

- 동작이 익숙해지면 걷듯이 가볍게 발동작을 한다.
- 팔을 옆으로 벌리고 동작하는 것이 힘들다면 양팔을 몸통에 가볍게 붙이고 손목 동작만으로 구성하여도 된다.

사례

- 가볍게 걸으면서 시작한다(전주 부분).
- 가슴 앞쪽에서 아주 작은 원을 그리고(8박자) 점점 큰 원으로 그리면서 8박자 동안 원의 크기를 유지한
- 앞에서 그렸던 원보다 큰 원을 그린다(8박자).
- 앞에서 그렸던 원보다 큰 원을 그린다(8박자).
- 양팔을 벌리고 오른손바닥은 하늘로, 왼손바닥은 바닥을 향해서 천천히 원을 그리며 움직이고 반대로도 움직인다.
- 오른쪽으로 원을 두 번 그린다. 왼쪽으로 원을 두 번 그린다.
- 양손 손목을 돌리면서 천천히 위로 올리고 내리고를 반복한다.

지도사 역할

- 자신의 신체를 의지대로 움직이면서 신체에 대한 자신감을 가지도록 동작에 정확성을 강조하지 않는다.
- 다양한 신체동작을 은유적으로 표현할 수 있다.
- 음악과 함께 동작을 유연하게 움직일 수 있도록 한다.
- 여러 가지 동작을 하는 것보다는 세 가지 정도의 동작으로 천천히 혹은 빠르게 템포를 조절하여 하는 것이 효과적이다.

제 11 장

대인관계지능 프로그램

꽃길만 걸어요

젓가락 콩 담아오기

팽이 릴레이

바구니 공놀이

스태킹 컵놀이

꽃길만 걸어요

목표

1. 꽃의 종류를 구별할 수 있다.
2. 타인에 대한 감수성을 높인다.

준비물

꽃 사진, 종이테이프, 바구니

활동내용

1. 꽃에 관한 이야기를 나눈다.
   - 자신이 좋아하는 꽃 이름을 세 가지만 써볼까요?
   - 꽃 이름을 써보았는데 왜 그 꽃이 좋은지에 대해 이야기해 볼까요?
2. 놀이에 관하여 설명한다.
   - 바닥에 종이테이프로 경계선을 만들고 꽃 사진을 붙인다.
   - 출발선에서 꽃 카드를 뽑는다.
   - 자신이 뽑은 꽃의 사진이 있는 칸만 밟고 가서 결승전 바구니

에 꽃 카드를 놓는다.

주의사항

- 이 놀이는 두 사람이 동시에 하면 서로 부딪혀서 안전사고가 일어날 수 있다. 두 사람이 동시에 출발하여 경쟁하게 만들고 싶다면 바닥에 활동판을 두 개 만든다.
- 활동판을 만들 때 너무 복잡하게 만들지 않는다.

응용

- 한 사람은 눈을 가리고 다른 사람이 눈을 가린 사람에게 꽃 카드에 그려진 꽃길을 안내하는 내비게이션 놀이로 응용할 수 있다.

활동판

꽃길 활동판

지도사 역할

- 놀이는 주변 환경에 대처해 나갈 수 있는 능력을 기를 수 있고 상호간의 친밀감을 도울 수 있으므로 놀이할 때 경쟁을 우선적으로 하기보다는 놀이를 함께 하는 것에 초점을 두어야 한다.
- 놀이를 통해 대인관계에 대한 자신감이 떨어지는 참여자에게는 대인관계를 도울 수 있는 놀이가 될 수 있도록 참여를 격려한다.
- 놀이를 통해 관계형성에 긍정적인 사고를 갖게 되므로 주위 환경과 사람들의 관계를 조절할 수 있도록 돕는다.

젓가락 콩 담아오기

목표

1. 소근육 운동을 할 수 있다.
2. 놀이를 통해 사회성을 기른다.

준비물

색콩, 젓가락 또는 숟가락, 바구니

활동내용

1. 오늘 활동과 관련 있는 이야기를 나눈다.
   - 젓가락은 몇 살 때부터 사용하기 시작했나요?
   - 콩으로 만들 수 있는 음식은 무엇이 있을까요?
   - 콩은 어디에서 자라나요?
   - 콩은 어떤 색일까요?
2. 출발선에서 지도사가 보여주는 색깔 카드를 기억하고 앞에 놓인 테이블에서 기억한 색 콩을 가져오는 놀이이다. 정확하게 기억하고 빨리 많이 가지고 오는 팀이 승리하는 놀이이다.

주의사항

- 콩을 준비할 때 너무 작은 것을 준비하지 않도록 한다.
- 젓가락이 어렵다면 작은 집게를 사용하도록 한다.

응용

- 콩 대신에 작은 공이나 혹은 여러 가지 색의 솜방망이를 준비하여도 된다.
- 젓가락이 어려운 참여자들은 숟가락으로 대신하여 놀이를 하여도 좋다.

사례

지도사 역할

- 놀이를 함께 하면서 노년기에 부족하기 쉬운 사회성, 의사소통 및 협동심에 초점을 두고 놀이를 진행한다.
- 놀이를 통해 대인관계의 즐거움을 느낄 수 있도록 놀이를 잘하는 것보다 팀워크가 좋은 것에 대한 칭찬을 많이 한다.

팽이 릴레이

목표

1. 팽이를 활용한 다양한 놀이를 수행할 수 있다.
2. 참여자들의 상호작용으로 친밀성을 기를 수 있다.

준비물

도토리 팽이, 마카펜, 사인펜

활동내용

1. 팽이의 추억에 대해 이야기 나눈다.
   - 팽이에 대한 추억이 있으신가요?
   - 팽이로 할 수 있는 놀이는 어떤 것이 있을까요?
   - 어린 시절 운동회 때 릴레이 달리기 한 경험을 이야기해 보실까요?
2. 팽이 릴레이 놀이 방법: 팽이에 색칠을 한다.
   - 두 팀으로 나누어서 제한시간 동안 팽이를 릴레이 형식으로 멈추지 않고 계속하여 돌아가게 하는 놀이이다. 이때 한 사람이 먼저

팽이를 돌리고 그 사람의 팽이가 멈추기 전에 다른 사람이 팽이를 돌려서 팽이가 마지막 사람까지 멈추지 않고 이어지도록 하는 놀이이다. 만약에 앞사람이 팽이가 멈추고 나서 다음 사람이 팽이를 돌린다면 놀이는 끝이 난다.

주의사항

- 팽이 릴레이용 팽이는 되도록 작은 것으로 선정하고 참여자들이 책상에 앉아서 할 수 있도록 하는 것이 좋다.

응용

- 두 사람씩 짝을 지어 팽이를 동시에 돌리고 이긴 사람이 승리하게 되는 놀이로 진행할 수 있다.
- 팀에서 먼저 두 사람이 팽이를 돌리고 이긴 사람은 다른 팀의 다른 사람과 다시 팽이 돌리기를 한다.
- 팽이 돌리기 시합에서 진 사람들끼리 다시 패자부활전을 통하여 도전의 기회를 제공한다.

지도사 역할

- 팽이 놀이에 대한 추억을 이야기할 때 지도사가 시각적인 기억을 돕기 위해 미리 팽이놀이 사진을 준비하여 기억을 돕는다.
- 릴레이는 학창 시절 빼놓을 수 없는 운동회 활동 중 하나였으므로

즐거움의 회상작업을 할 수 있도록 한다.

- 릴레이 형식이 아니라 여러 사람이 한꺼번에 팀별로 팽이를 돌리고 제한시간 동안 가장 많이 팽이가 남아 있는 팀이 이기는 것으로 하여 이끄는 방법도 있다.
- 활동하는 동안 너무 소란스럽지 않게 질서를 지키면서 활동할 수 있도록 한다.

사례

바구니 공놀이

목표

1. 관계형성 의사소통 능력이 증가한다.
2. 신체균형감각이 향상되고 기억력과 집중력이 향상된다.

준비물

바구니. 탁구공 혹은 탱볼, 노끈(운동화끈)

활동내용

1. 바구니와 관련된 이야기를 한다.
   - 바구니의 종류를 말해 볼까요?
   - 바구니와 관련된 감각적 경험 떠올리기를 해볼까요?
     - 대나무 바구니는 어떤 촉감이 느껴지나요?
     - 새 바구니는 어떤 냄새가 나며 오래된 바구니는 어떤 냄새가 날까요?
   - 바구니와 관련된 속담을 알아볼까요?

- 빈 바구니가 요란하다.
- 한 바구니에 다 담지 마라.
- 바구니에 담긴 사과처럼 탐스럽다.
- 큰 바구니엔 큰 것이 담긴다.

2. 활동에 대한 설명을 한다.
   - 한 팀에 두 명이나 혹은 네 명을 배치하고 팀은 두 팀으로 구성한다.
   - 바구니에 매달린 끈을 잡고 바구니 가운데 뚫린 곳으로 공을 내린다.
   - 두 팀이 함께 시작하여 바구니 위에 있는 공을 먼저 아래로 떨어뜨리는 팀이 이기는 놀이이다.

주의사항

- 한 팀에 네 사람 이상은 구성하지 않는다.
- 위에 바구니와 아래 바구니는 각각 다른 모양을 준비하는 것이 좋다.

응용

- 놀이의 난이도를 조절할 수 있도록 바구니에 구멍에 작은 장애물을 붙였다가 떼었다 할 수 있도록 만든다.

사례

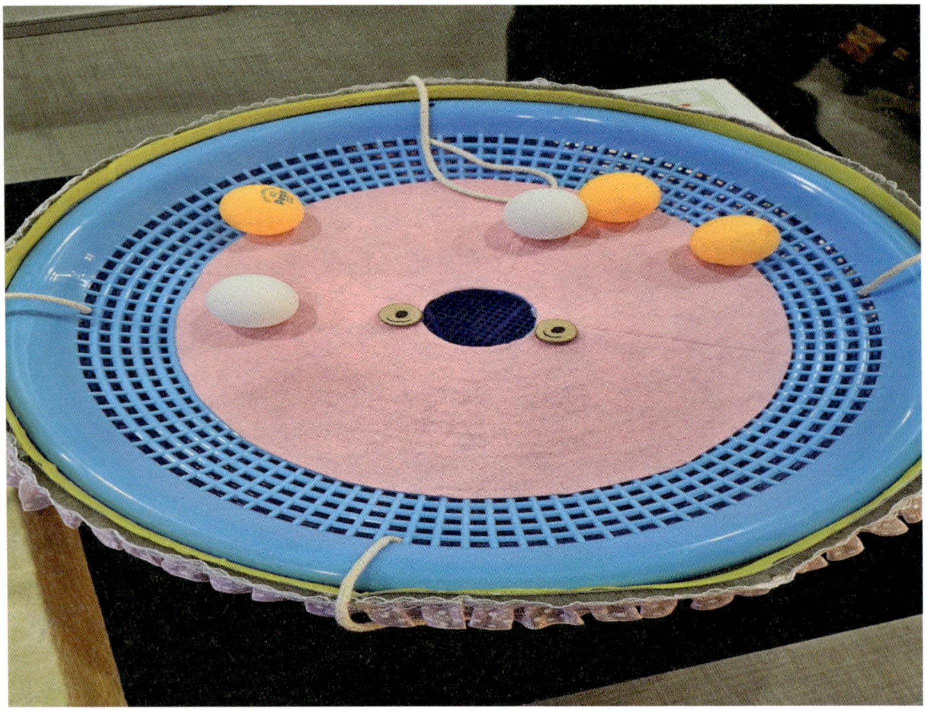

지도사 역할

- 놀이를 할 때 승부에 너무 집착하지 않도록 하는 것이 좋다.
- 감각기능에 따라 참여자의 난이도를 조절하는 것이 좋다.
- 활동이 끝난 후 갑자기 종료하지 않고 조용한 음악을 틀거나 간단한 정리 대화를 하도록 한다.

스태킹 컵놀이

목표

1. 비언어적으로 자신의 생각과 감정을 표현할 수 있다.
2. 신체 협응능력을 기른다.

준비물

스태킹 컵, 실뜨기 실, 색깔 활동판, 고무줄

활동내용

1. 스태킹 컵으로 3.3.3 쌓기 놀이를 한다.
2. 컵에 관한 이야기를 나눈다.
   - 컵은 어떻게 사용되나요?
   - 컵으로 할 수 있는 것은 무엇일까요?
   - 컵의 종류를 알아볼까요?

3. 놀이 방법에 대해 설명한다.

- 스태킹 컵에 고무줄을 끼우고 긴 줄을 연결하여 몇 사람이 협동하여 활동판에 컵 옮기기 놀이를 한다. 단 스태킹 컵은 활동판에서 제시한 색깔에 맞추어 스태킹 컵을 놓아야 한다.

4. 다 함께 놀이를 한다.

주의사항

- 컵을 바닥에 떨어뜨려 자주 줍는 일이 생기면 산만해질 수 있으므로 놀이에 대한 설명을 자세히 한다.
- 활동판은 한 팀에 하나씩 준비한다.

응용

- 스태킹 컵을 색상별로 구입해도 좋지만 컵의 위쪽에 시트지를 잘라서 붙여서 색깔을 구별해도 된다.
- 이 놀이는 두 팀이 동시에 놀이를 해서 누가 더 빨리 끝내는지 놀이로도 응용 가능하다.
- 스태킹 컵 12개를 옆으로 나란히 놓고 누가 빨리 컵을 위로 쌓는지 놀이를 한다(반대로 컵을 펼쳐서 놓기를 해도 좋다).

활동판

스태킹 컵 활동판

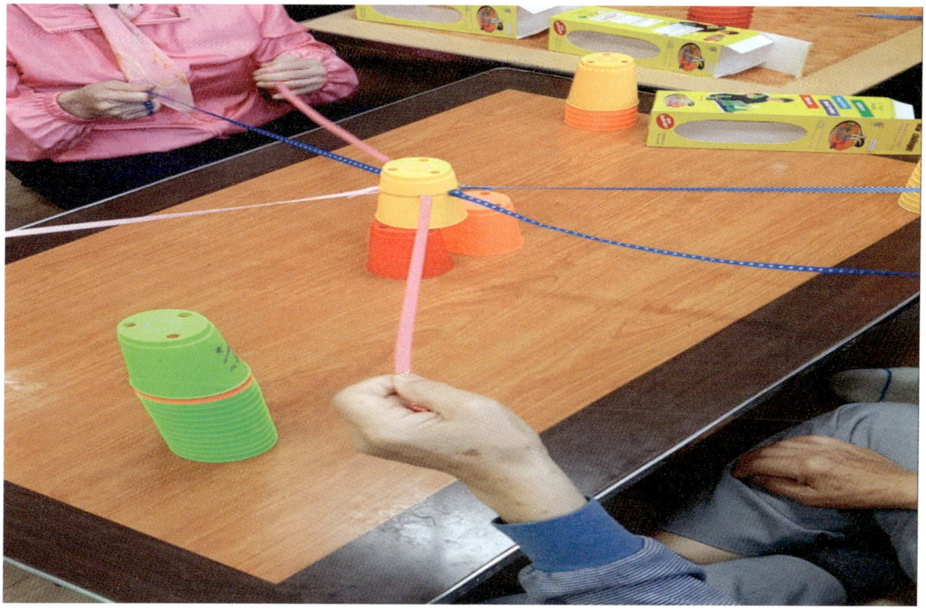

지도사 역할

- 놀이는 비언어적인 의사소통의 기회를 제공하므로 참여자들이 적극적으로 놀이에 참여할 수 있도록 한다.
- 색깔을 구별하고 또 어느 위치에 놓아야 하는지 생각해야 하는 놀이이므로 주의 집중력을 기를 수 있도록 한다.
- 놀이를 통해 대인관계의 어려움을 해소할 수 있도록 한다.

제 12 장

개인내적지능 프로그램

마음 인형 만들기

나의 일과표

나를 표현해 보아요

나의 감정 습관

나의 자서전

마음 인형 만들기

목표

1. 인형을 통해 자신의 마음을 표현할 수 있다.
2. 자신을 객관화하여 관찰할 수 있다.

준비물

솔방울, 모루, 글루건, 색종이, 눈알, 원형 스티로폼, 종이컵

활동내용

1. 어릴 때 인형이나 혹은 자신이 소중하게 생각했던 물건에 대한 이야기 나누기를 한다.
   - 어릴 때 인형이나 소중하게 생각했던 물건은 어떤 것이 있나요?
   - 지금 소중하게 여기는 물건은 어떤 것이 있나요?
2. 솔방울을 중심으로 원형 스티로폼으로 얼굴을 만든다.
3. 모루로 팔다리를 표현하고 색종이로 모자를 만들고 눈알로 인형을 완성하고 종이컵 위에 고정한다.
4. 자신이 만든 인형의 이름을 붙여준다.

주의사항

- 인형의 사용방법에 대하여 지도사가 시연하여 알려준다.

응용

- 팔다리를 표현할 때 모루 대신에 운동화 끈으로 표현하여도 좋다.
- 인형은 한 쌍을 이루도록 만든다.

사례

지도사 역할

- 걱정인형의 유래에 대해 설명하여 인형의 의미를 알 수 있도록 한다.
- 인형을 두 개 만들어서 하나는 걱정이나 고민거리를 이야기하고 또 하나는 위로를 할 수 있는 인형으로 활용하도록 한다.
- 인형 받침대를 하면 인형이 고정되며 부서지는 것을 방지할 수 있고 장식의 효과도 가질 수 있다.

▸ 걱정인형의 유래

- 걱정인형은 과거 기독교 전통에서 유래한 것으로, 과테말라의 전통적인 문화에서 시작되었다. 이 인형은 작은 크기의 인형으로, 주로 손톱만 한 크기의 천이나 나무로 만들어지며, 사람들이 걱정이나 고민을 인형에게 말하고 인형을 베개 아래에 두면 그 걱정이 사라진다고 믿었다.
- 이 전통은 고민을 털어놓음으로써 마음의 짐을 덜고, 안심할 수 있다는 믿음에서 비롯되었다. 이러한 인형은 과테말라의 마야 문화와 연결되며, 사람들이 정신적으로 더 편안함을 느끼도록 돕는 역할을 해왔다.
- 오늘날, 걱정인형은 어린이뿐만 아니라 성인들도 사용하는 심리적인 도구로, 특히 스트레스 해소와 마음의 안정을 찾는 데 도움을 주는 것으로 알려져 있다.

나의 일과표

목표

1. 하루 일과를 계획할 수 있다.
2. 자기관리를 할 수 있다.

준비물

활동판, 가위, 풀

활동내용

1. 하루 일과에 대해서 이야기 나눈다.
   - 아침에 일어나면 제일 먼저 무엇을 하시나요?
   - 하루 일과를 비교적 규칙적으로 생활하고 계신가요?
   - 식사는 하루에 규칙적으로 챙겨 드시나요?
   - 하루 중에서 내가 할 일 없이 하루를 보내고 있구나 생각하신 적이 있나요?

2. 잠자는 시간과 식사 시간을 먼저 정하고, 운동, 집안일, 기타 할 일을 정한다.
3. 자신이 정한 하루 일과에 맞게 활동지에 자신의 하루를 계획한다.
4. 나의 하루 일정표를 서로 보여주고 격려한다.

주의사항

- 하루 일과를 계획할 때 현재 자신이 생활하고 있는 것을 토대로 가장 유사하게 하는 것이 좋다.
- 무리한 계획표보다 지켜나갈 수 있는 계획표를 만들 수 있도록 한다.
- 완벽하게 계획된 일정보다는 유연한 일과표를 작성하는 것이 좋다.

응용

- 활동판은 반드시 둥근 모양이 아니어도 된다. 피자 모양의 활동판을 만들어도 좋고 네모 모양으로 만들어도 좋다.
- 활동판을 만들 때 글자보다는 그림으로 표시할 수 있도록 지도사가 미리 하루 일과에 관한 그림이나 캐릭터 등을 준비해 간다.

사례

나의 하루

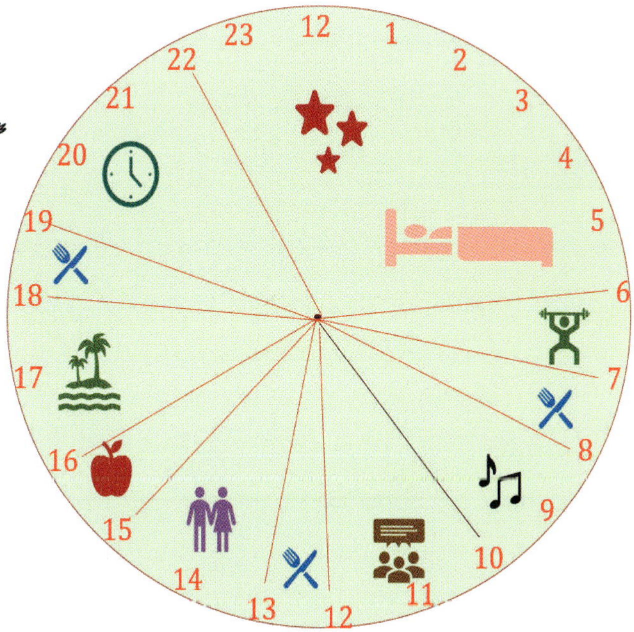

지도사 역할

- 하루를 알차게 그리고 보람되게 살아갈 수 있도록 하는 것이 노년의 웰에이징을 위한 삶이라는 것을 일깨워 준다.
- 하루 일과표를 만들 때 약이나 혹은 매일 반복적으로 해야 하는 일이 있다면 일과표에 넣는 것이 좋다.
  예) 아침 식후: 혈압약, 저녁 식후: 영양제
- 나이가 들어감에 따라 자기관리가 소홀해지기 쉬우므로 하루 일과표는 정기적으로 만들어서 자신을 점검하는 시간을 가지도록 한다.

나를 표현해 보아요

목표

1. 음악을 감상하고 자신의 감정을 표현해낼 수 있다.
2. 음악과 회상을 통해 오래된 기억을 떠올리며 인지능력 강화할 수 있다.

준비물

음원(비발디-사계), 활동지

활동내용

1. 계절의 변화에 관하여 이야기 나눈다.
   - 자신이 좋아하는 계절을 이야기하고 그 이유를 말해 본다.
   - 계절의 변화에 따라 어떤 특징이 있는지 살펴볼까요?
2. 비발디의 사계 중 지도사가 선정한 한 부분을 참여자에게 들려주고 어떤 계절이 느껴지는지 자유롭게 활동지에 적어본다.
3. 계절에 맞게 참여자에게 다음과 같은 질문을 할 수 있다.

▸ 봄

- 어린 시절 봄을 맞이할 때 가장 기대되던 일은 무엇이었나요?
- 꽃이 필 때 가장 먼저 떠오르는 사람은 누구인가요?
- 봄 소풍이나 봄나들이를 갔던 기억이 있나요?

▸ 여름

- 여름철에 가장 즐겼던 놀이나 음식은 무엇인가요?
- 어릴 때 여름 방학 때 주로 했던 일은 무엇인가요?
- 무더운 여름날 시원함을 느낄 수 있었던 순간은 언제였나요?

▸ 가을

- 가을 하면 떠오르는 냄새나 풍경은 무엇인가요?
- 가을의 추억 중 가장 특별했던 순간은 언제였나요?
- 가을에 먹었던 맛있는 음식이나 수확 경험이 있나요?

▸ 겨울

- 겨울 하면 떠오르는 따뜻한 기억은 무엇인가요?
- 가장 기억에 남는 겨울 놀이(눈싸움, 썰매 타기 등)는 무엇인가요?
- 가족이나 친구들과 함께 보냈던 겨울의 특별한 순간은 언제였나요?

주의사항

- 자유롭게 자신의 감성을 표현해낼 수 있도록 제한을 두지 않는다.
- 비발디의 사계 곡을 아는 참여자들이 있다 해도 새로운 감성으로 느

껴보도록 하여 창의적인 감성을 불러일으킬 수 있도록 한다.

응용

- 참여자들이 잘 아는 곡을 선택하여 새로운 감성을 느껴볼 수 있도록 하는 것도 좋다(예; 코끼리 걸음마, 군대행진곡, 빗방울 전주곡).

사례

계절	느 낌
봄	
여름	
가을	
겨울	

지도사 역할

- 음악을 끝까지 듣고 자신의 표현해낼 수 있도록 격려한다.
- 계절에 관한 이야기를 나눌 때 각 계절의 특성에 관한 이야기와 에피소드를 중심으로 자유롭게 이야기하도록 한다.

나의 감정 습관

목표

1. 자신의 감정을 인식하고 표현할 수 있다.
2. 행복했던 순간을 회상하며 긍정적인 기분 유도할 수 있다.

준비물

활동지, 감정카드

활동내용

1. 지도사가 1분의 시간을 주고 자신이 알고 있는 감정 단어를 적어본다.
   - 여러분들이 알고 있는 감정 단어를 적어볼게요. 1분의 시간 동안 자신이 아는 감정을 단어를 적으시면 됩니다.
   - 최근에 가장 강하게 느낀 감정은 어떤 것이 있나요?
   - 비 오는 날이나 눈 오는 날, 기분이 어떤가요?
   - 오늘 기분을 색깔로 표현한다면 어떤 색인가요?
2. 활동지에서 최근 자신이 가장 많이 사용한 감정은 무엇인지 찾아본다.

3. 평소에 자신이 습관처럼 사용하는 감정과 최근에 가장 많이 사용한 감정에 대해 비교해 본다.

주의사항

- 감정 단어를 찾아내기 힘든 참여자일 경우 감정 단어가 적힌 활동지를 주고 1분 동안 자신이 최근에 느낀 감정 단어를 동그라미 한다.

응용

- 감정 카드를 이용하여 감정 찾기를 할 수 있다.

사례

감정 단어

긴장	불안	초조	행복
걱정되는	조급한	즐거움	사랑
무서움	쓸쓸함	슬픈	재미있는
기분 좋은	흥분	흐뭇한	충만한
쾌활한	평화로운	여유로운	애틋한
동정심	생기 있는	당당한	설레는
부러운	못마땅한	기분 상한	창피한
안심되는	따뜻함	다정한	열정적인

지도사 역할

- 노년기에는 자신이 항상 사용하는 감정의 습관이 더 굳어질 수 있다. 이런 자신의 감정을 습관을 깨닫을 수 있도록 한다.
- 감정 찾기 활동을 할 때 현재의 감정, 관계를 통한 감정 찾기, 감각을 활용한 감정 찾기 등 다양한 방법으로 참여자의 자기 감정 찾기를 시도한다.

나의 자서전

목표

1. 자신의 삶에 대해 외부 관찰자의 역할을 할 수 있다.
2. 중요한 사건에 대한 느낌을 표현할 수 있다.

준비물

활동지, 볼펜

활동내용

1. 자신의 인생에 가장 중요하다고 생각되는 것에 관한 이야기를 나눈다.
   - 살아오면서 자신이 가장 잘한 일이라고 생각하는 것에 대해 말해 볼까요?
   - 자녀를 처음 낳았을 때 어떤 감정이 드셨나요?
   - 결혼생활 중에서 즐거웠던 일은 무엇인가요?
   - 자신의 인생에서 칭찬할 만한 사람이 있나요?

2. 활동지에 자신의 인생에서 가장 중요한 시간에 해당하는 그림이나 사진이 있다면 오려서 붙인다.
3. 자신의 자서전에 관해서 설명한다.

주의사항

- 자서전을 계획할 때는 발달영역에 따라 단순하게 분류한다.
  예) 아동기-학령기-결혼-중년-현재
- 참여자가 별로 기억할 만한 발달영역이 없다고 한다면 강요하지 말고 기억하는 부분만 활동하도록 격려한다.

응용

- 자서전의 틀을 제공하여 참여하도록 할 수 있다.
- 자서전의 경우 에피소드를 중심으로 개인적으로 자유로운 틀을 가지게 할 수 있다.

사례

지도사 역할

- 인생회고에 있어 행복했던 기억과 그때 느꼈던 감정을 연합하여 자서전을 구성한다.
- 자신의 걸어온 길을 회상하면서 긍정적인 면을 찾을 수 있도록 한다.

제 13 장

자연탐구지능 프로그램

개구리의 관찰

통나무 교훈쓰기

바닷속 탐험

우주 탐험

꼬끼오 육아일기

개구리의 관찰

목표

1. 개구리의 관찰을 통해 자연현상에 대한 이해를 높인다.
2. 개구리의 성장과정을 설명할 수 있다.

준비물

활동지, 개구리 관찰 사진, 볼펜, 색종이

활동내용

1. 개구리에 대한 이야기를 나눈다.
   - 개구리는 어디에서 살까요?
   - 개구리는 무엇을 먹고 살까요?
   - 청개구리 이야기를 아시나요?
2. 개구리의 성장과정을 보여준다.
3. 활동지에 개구리 성장과정을 오려 붙일 수 있도록 한다.
4. 색종이로 개구리 접기를 한다. 개구리 멀리 뛰기 놀이를 한다.

주의사항

- 개구리의 성장과정을 보여줄 때 징그럽다든지 혹은 부정적인 표현을 하는 참여자가 있을 때 무시하지 말고 그 표현에 대해 먼저 공감한다. 그리고 다른 참여자들의 표현을 들어보고 전체적으로 긍정적인 표현으로 마무리할 수 있도록 유도한다.

응용

- 개구리의 성장과정을 보여준 후 개구리 노래를 불러보는 것도 좋다.
- 개구리 성장과정을 먼저 보여주지 말고 참여자들이 개구리의 성장 과정을 먼저 이야기해 보도록 하는 것도 동기부여에 좋다.

사례

개구리 성장과정을 그림에서 찾아 붙여보세요.

지도사 역할

- 자연에 대한 관찰력을 기르고 환경에 대한 관심을 가지게 함으로 인해 자연탐구지능을 높일 수 있다.
- 개구리의 특성에 대해서 이해할 수 있도록 이야기식으로 설명한다.

통나무 교훈쓰기

목표

1. 나무의 성장과정과 인생을 연관 지어 회상을 유도할 수 있다.
2. 정서적 안정과 자기 표현의 기회를 제공할 수 있다.

준비물

통나무 조각, 네임펜

활동내용

1. 나무와 관련된 이야기를 나눈다.
    - 이 나무의 나이테처럼, 내 인생에서 가장 기억에 남는 순간은 언제인가요?
    - 어린 시절, 나무와 관련된 추억이 있나요?
    - 나무는 시간이 지나도 변함없이 자라는데, 나도 꾸준히 성장한 부분이 있을까요?
    - 내 인생을 한 그루의 나무로 표현한다면 어떤 모습일까요?

2. 통나무 조각을 제시하고 자유롭게 교훈이나 좋은 명언들을 쓰도록 한다.
3. 자신이 작성한 글에 대한 설명을 한 사람씩 발표한다.

주의사항

- 지도사가 선택한 자연물에 어떤 필기도구를 사용할지 미리 점검하는 것이 좋다. 자연물의 종류에 따라 사용할 필기도구가 달라지기 때문이다.

응용

- 계절에 맞게 나뭇잎이나 단풍잎, 말린 꽃잎, 조개껍데기, 돌, 솔방울 등을 이용하여 활동하여도 좋다.

사례

지도사 역할

- 감각 자극 → 촉감, 향기, 색감을 통해 감성을 자극하고 기억을 불러일으킬 수 있다.
  - 정서적 안정으로 자연과 연결되며 심리적 편안함 제공한다.
  - 개인화된 메시지로 각자 의미를 담아 개성 있는 글을 작성하도록 한다.
  - 사회적 소통 강화로 서로의 글을 공유하며 공감과 소통을 가지도록 한다.

바닷속 탐험

목표

1. 자신을 둘러싸고 있는 주변 세계에 호기심을 가지게 할 수 있다.
2. 바닷속에 대해 호기심을 가지고 탐구할 수 있게 한다.

준비물

색종이, 풀, 가위, 한지, 노끈

활동내용

1. 바닷속 풍경에 대해서 이야기 나눈다.
   - 바닷속에 사는 생물 중 우리가 먹을 수 있는 것과 없는 것을 구별해 볼까요?
   - 여러분은 먹을 수 있는 바다 생물 중에서 무엇을 가장 좋아하시나요?
   - 바다 생물이 들어간 요리 이름을 하나씩 말해 볼까요?
   - 어릴 때 바다에서 놀던 추억이 있나요?

2. 추억 속에서 함께한 사람이나 사물 혹은 여러 가지 특징이 있는 것이 무엇인지 이야기 나눈다.
3. 바닷속 꾸미기를 하기 위해 색종이 접기를 한다.
4. 바닷속 꾸미기를 한다.

주의사항

- 바닷속 꾸미기를 할 때 여러 가지 바다 생물을 색종이 접기 하는 것은 좋으나 제한된 시간을 고려해야 하므로 지도사가 미리 바다생물을 종이접기 해서 준비하는 것도 좋다.

응용

- 바닷속에 사는 생물 중에서 가장 좋아하는 것이 무엇인지 그것은 어떤 맛이 있는지 맛에 대한 표현을 구체적으로 이야기하는 활동도 좋다.
- 바다를 주제로 스피드 놀이를 해서 참여자들의 흥미를 돋운다.

사례

지도사 역할

- 바닷속을 관찰하면서 비슷한 생물에는 어떤 것이 있는지 관찰하고 분류하여 유목화할 수 있도록 한다.

우주 탐험

목표

1. 우주 세계에 대한 호기심과 창의력을 기를 수 있다.
2. 인류와 태양계에 대해 알 수 있다.

준비물

사포, 크레파스, 소금, 물풀

활동내용

1. 우주에 대한 이야기를 나눈다.
    - 우주는 무슨 색일까요?
    - 우주에는 누가 살까요?
    - 우주에는 무엇을 타고 가야 할까요?
    - 우주에 있는 별들의 이름을 알아볼까요?
2. 자신이 가장 가고 싶은 별을 상상하여 사포에 꾸미기를 한다.
3. 여러 사람이 함께 꾸민 우주 세계를 모아서 하나의 작품으로 연결한다.

주의사항

- 우주에 대해 너무 광범위하게 설명하지 말고 별의 특성이나 혹은 지구와 별의 거리, 혹은 별 모양에 대해서 설명하는 것이 좋다.

응용

- 사포 대신에 검은 도화지를 사용하여도 좋다.
- 흰 도화지에 우주에 대한 밑그림을 먼저 그리고 거기에 풀을 칠한 다음에 커피 찌꺼기를 이용하여 선이나 면을 표현하여도 좋다.

사례

지도사 역할

- 상상력을 발휘할 수 있도록 하고 서로 비슷하게 그리지 않고 자신만의 창의력을 가지고 활동할 수 있도록 상상할 수 있는 많은 이야기를 먼저 나눈다.

꼬끼오 육아일기

목표

1. 닭의 성장과정을 관찰할 수 있다.
2. 닭의 성정과정을 알아보고 자녀 양육에 대해 생각해 볼 수 있다.

준비물

활동지, 볼펜, 색연필

활동내용

1. 닭에 관한 이야기를 나눈다.
   - 닭의 새끼는 무엇이라고 부르나요?
     병아리가 탄생하는 과정은 아시나요?
   - 닭은 어떤 특징을 가지고 있을까요?
     닭의 울음소리를 내어 볼까요?
   - 동물의 새끼 이름을 알아보아요(개, 소, 말, 닭, 꿩, 명태, 고등어 등).
2. 계란에서부터 닭이 되는 과정을 그림이나 영상으로 살펴본다.

3. 닭의 성장과정을 알아본 뒤 자녀 양육과 연결하여 참여자가 자녀를 양육할 때 에피소드에 대해서 이야기 나눈다.
4. 활동지에 자신이 자녀를 키우면서 경험했던 것을 육아일기로 재구성한다.

주의사항

- 자녀 양육에 관한 회상을 할 때 한탄이나 부정적인 감정을 드러내기보다 힘들었지만 잘 극복한 사례를 다루는 것이 좋다.
- 육아일기에 대한 틀을 제시하는 것이 좋고 쓰기를 하는 것이 어렵다면 생각나는 에피소드를 말로 표현한다.

응용

- 활동지 대신에 손가락 인형 혹은 사람 모양의 인형을 가지고 자신의 에피소드를 이야기해 보는 것도 좋다.

사례

지도사 역할

- 자녀의 양육을 회상하면서 제시된 활동지에 따라 양육과정에서 기억에 남는 에피소드를 이야기할 수 있도록 한다.
- 양육에 대한 소중한 추억을 되살리고 양육에 대한 행복했던 시간을 기억하게 한다.
- 닭의 성장과정을 관찰하면서 참여자는 자신의 자녀 양육과정에 대해서도 생각해 볼 수 있도록 한다.

참고문헌

박소연, 송민정(2012). 다중지능이론을 적용한 디자인 교육활동이 유아의 지능에 미치는 영향. 디지털디자인학연구, 12(4), 547-557.

신명희(2000). 다중지능이론에 기초한 교수-학습방법 연구. 교육학연구, 38, 1-23.

신원우(2011). 노인의 신체 및 정신 건강 문제와 생활만족도 간의 관계: 자원봉사 활동 참여의 조절효과를 중심으로. 노인복지연구, 54, 135-163.

안도희(2013). 지적 능력에 대한 신념과 부모 및 교사의 자율성 지지가 청소년의 유능감에 미치는 영향. 한국청소년연구, 24(1), 103-126.

Hendrie, HC, Albert, MS, Butters, MA, Gao, S., Knopman, DS, Launer, LJ. & Wagster, MV (2006). NIH 인지 및 정서적 건강 프로젝트: 비판적 평가 연구 위원회 보고서. 알츠하이머 및 치매, 2(1), 12-32.

Knight, M. (2014). Cognitive Health: An Overview of the Topic.

저자소개

조은유

동아대학교 교육학 박사

현) 부산여자대학교 사회복지학과 겸임교수

현) 고신대학교 기독교상담대학원 겸임교수

현) 영산대학교 노인복지상담학과 겸임교수

현) 사회법인샬롬복지재단 푸른솔 노인교실 기관장

현) 한국평생학습 개발원 원장

현) 조은마음상담센터 센터장

김영미

신라대학교 사회복지학 박사

전) 신라대학교 평생교육원 특임교수

전) 부산여자대학교 사회복지학과 전임교수

현) 영산대학교 노인복지상담학과 전임교수

가드너 다중지능이론에 근거한

노인인지향상 통합프로그램 이론과 실제 [개정판]

초 판 1쇄 발행 / 2023년 2월 1일
개정판 1쇄 발행 / 2025년 3월 7일

•

공저자 / 조은유 · 김영미
발행인 / 이 중 수
발행처 / **동 문 사**

•

서울특별시 서대문구 홍제원 1길 12
(홍제동 137-8)
Tel: 02)736-3718(대), 736-3710, 3720
Fax: 02)736-3719
등록번호: 1974.04.27. 제9-17호
가격: 22,000원

•

ISBN: 979-11-6328-662-2 (93330)
E-mail: dong736@naver.com
www.dongmunsa.com